FISCHER BIBLIOTHEK

Franz Kafka

DIE AEROPLANE IN BRESCIA

und andere Texte

Mit einem Nachwort von Reinhard Lettau

S. Fischer Verlag

Umschlagentwurf: Hannes Jähn
Umschlagfoto: Jacques Henri Lartigue
Satz und Druck: Georg Wagner, Nördlingen
Einband: G. Lachenmaier
Printed in Germany 1977
ISBN 3 10 038116 5

Inhalt

Die Aeroplane in Brescia

La Sentinella Bresciana vom 9. September 1909 meldet und ist davon entzückt: Wir haben in Brescia eine Volksmenge wie noch nie, wie nicht einmal zur Zeit der großen Wettfahrten der Automobile, die Fremden aus Venetien, Ligurien, Piemont, Toskana, Rom, ja bis aus Neapel, die großen Herrschaften aus Frankreich, England, Amerika drängen sich auf unseren Plätzen, in unseren Hotels, in allen Winkeln der privaten Wohnungen: alle Preise steigen ausgezeichnet; die Beförderungsmittel reichen nicht aus, um die Menge bis zum circuito aereo zu bringen; die Restaurationen auf dem Flugfeld können zweitausend Menschen vorzüglich bedienen, vor den vielen Tausenden müssen sie versagen, Militär wäre nötig, die Buffets zu schützen; auf den billigen Plätzen stehen fünfzigtausend Menschen den ganzen Tag.

Als meine zwei Freunde und ich diese Nachrichten lesen, bekommen wir Mut und Angst zugleich. Mut: denn wo ein so schreckliches

Gedränge ist, pflegt alles hübsch demokratisch zuzugehen, und wo gar kein Platz ist, muß man ihn nicht suchen. Angst: Angst vor der italienischen Organisation derartiger Unternehmungen, Angst vor den Komitees, die sich um uns sorgen werden, Angst vor den Eisenbahnen, denen die »Sentinella« vierstündige Verspätungen nachzurühmen weiß. Alle Erwartungen sind falsch, alle italienischen Erinnerungen mischen sich gleich zu Hause irgendwie, trüben sich, man kann sich auf sie nicht verlassen.

Noch als wir in das schwarze Loch des Bahnhofs in Brescia einfahren, wo die Menschen schreien, als brenne der Boden, ermahnen wir einander ernsthaft, was auch geschehen sollte, uns immer beisammen zu halten. Fahren wir nicht mit einer Art Feindschaft ein?

Wir steigen aus; ein Wagen, der sich kaum auf den Rädern hält, nimmt uns auf; der Kutscher ist sehr gut gelaunt; wir fahren durch fast leere Gassen zum Komiteepalast, wo man unsere innere Bosheit übergeht, als wäre sie nicht da; wir erfahren alles, was wir brauchen. Die Herberge, in die wir gewiesen werden, scheint uns auf den ersten Blick die schmutzigste zu sein,

die wir je gesehen haben, aber es ist bald gar nicht mehr übertrieben arg. Ein Schmutz, der nun schon einmal da ist, von dem nicht mehr gesprochen wird, ein Schmutz, der sich nicht mehr verändert, der einheimisch geworden ist, der das menschliche Leben gewissermaßen solider und irdischer macht, ein Schmutz, aus dem unser Wirt hervoreilt, stolz für sich, demütig für uns, immerfort die Ellbogen rührend und mit den Händen (jeder Finger ist ein Kompliment) über sein Gesicht neue und neue Schatten werfend, mit lauter Beugungen des Körpers, die wir alle später auf dem Flugfeld zum Beispiel an Gabriele d'Annunzio wiedererkennen; wer hätte, muß man fragen, gegen diesen Schmutz noch etwas auf dem Herzen.
Das Flugfeld liegt in Montechiari, mit der Lokalbahn, die nach Mantua fährt, ist es in einer kleinen Stunde zu erreichen. Diese Lokalbahn hat sich auf der allgemeinen Landstraße einen Schienenstrang vorbehalten, auf dem sie ihre Züge nicht höher, nicht tiefer als der übrige Verkehr bescheiden hinfahren läßt zwischen den Radfahrern, die mit fast geschlossenen Augen in den Staub hineinfahren, zwischen den vollständig unbrauchbaren Wagen

der ganzen Provinz – die Passagiere aufnehmen, wie viele man will, und die überdies noch rasch sind, man kann es nicht begreifen – und zwischen den oft ungeheuren Automobilen, die losgelassen sich förmlich augenblicklich überschlagen wollen mit ihren in der Schnelligkeit einfältig gewordenen vielfachen Signalen.

Bisweilen verläßt einen die Hoffnung, mit diesem jämmerlichen Zug bis zum circuito zu kommen, ganz und gar. Aber ringsherum lacht man, und rechts und links in den Zug hinein lacht man. Ich stehe auf einer Plattform an einen Riesenmenschen gedrängt, der mit ausgebreiteten Beinen über den Puffern zweier Waggons steht, in einer Dusche von Ruß und Staub, die von den schwach geschüttelten Waggondecken herabkommt. Zweimal bleibt der Zug stehn, um auf einen Gegenzug zu warten, so geduldig und lange, als warte er auf eine nur zufällige Begegnung. Einige Dörfer ziehen langsam vorüber, wilde Plakate vom letzten Automobilmeeting erscheinen auf den Mauern hie und da, alle Gewächse am Straßenrand sind unkenntlich unter der Ölblattfarbe des weißen Staubes.

Weil er nicht mehr weiter kann, macht der Zug endgültig halt. Eine Gruppe Automobile bremst gleichzeitig, durch den auffliegenden Staub sehn wir nicht weit viele kleine Fahnen wehn, noch hält uns eine Rinderherde auf, die außer Rand und Band, einknickend auf dem hügeligen Boden, förmlich in die Automobile läuft.
Wir sind angekommen. Vor dem Aerodrom liegt noch ein großer Platz mit verdächtigen Holzhäuschen, für die wir andere Aufschriften erwartet hätten als: Garage, Grand Buffet International und so weiter. Ungeheure, in ihren Wägelchen fett gewordene Bettler strecken uns ihre Arme in den Weg, man ist in der Eile versucht, über sie zu springen. Wir überholen viele Leute und werden von vielen überholt. Wir schauen in die Luft, um die es sich hier ja handelt. Gott sei Dank, noch fliegt keiner! Wir weichen nicht aus und werden doch nicht überfahren. Zwischen und hinter den tausend Fuhrwerken und ihnen entgegen hüpft italienische Kavallerie. Ordnung und Unglücksfälle scheinen gleich unmöglich.
Einmal in Brescia spät am Abend wollten wir rasch in eine bestimmte Gasse kommen, die

unserer Meinung nach ziemlich entfernt war. Ein Kutscher verlangt drei Lire, wir bieten zwei. Der Kutscher verzichtet auf die Fahrt, und nur aus Freundschaft beschreibt er uns die geradezu entsetzliche Entfernung dieser Gasse. Wir fangen an, uns unseres Angebots zu schämen. Gut, drei Lire. Wir steigen ein, drei Drehungen des Wagens durch kurze Gassen, wir sind dort, wohin wir wollten. Otto, energischer als wir zwei andern, erklärt, es falle ihm natürlich nicht im geringsten ein, für die Fahrt, die eine Minute gedauert hat, drei Lira zu geben. Eine Lira sei mehr als genug. Da sei eine Lira. Es ist schon Nacht, das Gäßchen ist leer, der Kutscher ist stark. Er kommt gleich in einen Eifer, als dauere der Streit schon eine Stunde: Was? – Das sei Betrug. – Was man sich denn denke. – Drei Lire seien vereinbart, drei Lire müssen gezahlt werden, drei Lire her oder wir würden staunen. Otto: »Den Tarif oder die Wache!« Tarif? Da sei kein Tarif. – Wo gäbe es dafür einen Tarif! – Es sei eine Vereinbarung über eine Nachtfahrt gewesen, wenn wir ihm aber zwei Lire geben, so lasse er uns laufen. Otto zum Angstbekommen: »Den Tarif oder die Wache!«

Noch einiges Geschrei und Suchen, dann wird ein Tarif herausgezogen, auf dem nichts zu sehen ist als Schmutz. Wir einigen uns daher auf eine Lira fünfzig, und der Kutscher fährt weiter in die enge Gasse, in der er nicht wenden kann, nicht nur wütend, sondern auch wehmütig, wie mir scheinen will. Denn unser Benehmen ist leider nicht das richtige gewesen; so darf man in Italien nicht auftreten, anderswo mag das recht sein, hier nicht. Nun, wer überlegt das in der Eile! Da ist nichts zu beklagen, man kann eben in einer kleinen Flugwoche nicht Italiener werden.

Aber Reue soll uns nicht die Freude auf dem Flugfeld verderben, das gäbe doch nur wieder frische Reue, und wir springen ins Aerodrom mehr als wir gehen in dieser Begeisterung aller Gelenke, die uns, einen nach dem andern, unter dieser Sonne hier plötzlich manchmal erfaßt.

Wir kommen an den Hangars vorüber, die mit ihren zusammengezogenen Vorhängen dastehen wie geschlossene Bühnen wandernder Komödianten. Auf ihren Giebelfeldern stehn die Namen der Aviatiker, deren Apparate sie verbergen, darüber die Trikolore ihrer Heimat.

Wir lesen die Namen Cobianchi, Cagno, Rougier, Curtiss, Moucher (ein Tridentiner, der italienische Farben trägt, er vertraut ihnen mehr als unsern), Anzani, Klub der römischen Aviatiker. Und *Blériot?* fragen wir. Blériot, an den wir die ganze Zeit über dachten, wo ist Blériot?

In dem eingezäunten Platz vor seinem Hangar läuft Rougier, ein kleiner Mensch mit auffallender Nase, in Hemdärmeln auf und ab. Er ist in äußerster, etwas unklarer Tätigkeit, er wirft die Arme mit den stark bewegten Händen, betastet sich im Gehen überall, schickt seine Arbeiter hinter den Vorhang des Hangars, ruft sie zurück, geht selbst, alle von sich drängend, hinein, während abseits seine Frau in engem weißem Kleid, einen kleinen schwarzen Hut stark ins Haar gepreßt, die Beine im kurzen Rock zart auseinandergestellt, in die leere Hitze schaut, eine Geschäftsfrau mit allen Sorgen des Geschäftes in ihrem kleinen Kopf.

Vor dem benachbarten Hangar sitzt Curtiss ganz allein. Durch die ein wenig gelüfteten Vorhänge ist sein Apparat zu sehen; er ist größer, als man erzählt. Als wir vorüberkommen, hält Curtiss den »New York Herald« in der Höhe vor sich und liest eine Zeile oben auf einer Seite; nach einer halben Stunde kommen wir wieder vorbei, er hält schon in der Mitte dieser Seite; wieder nach einer halben Stunde ist er mit der Seite fertig und fängt eine neue an. Fliegen will er heute offenbar nicht.

Wir wenden uns und sehn das weite Feld. Es ist so groß, daß alles, was sich auf ihm befindet, verlassen scheint: die Zielstange nahe bei uns, der Signalmast weit in der Ferne, der Startkatapult irgendwo rechts, ein Komiteeautomobil, das mit im Wind gespanntem gelbem Fähnchen einen Bogen über das Feld beschreibt, in seinem eigenen Staub stehenbleibt und wieder fährt.

Eine künstliche Einöde ist hier eingerichtet worden in einem fast tropischen Lande, und der Hochadel Italiens, glänzende Damen aus Paris und alle andern Tausende sind hier beisammen, um viele Stunden mit schmalen Augen in diese sonnige Einöde zu schauen. Nichts ist auf diesem Platz, was sonst auf Sportfeldern Abwechslung bringt. Es fehlen die hübschen Hürden der Pferderennen, die weißen Zeichnungen der Tennisplätze, der frische Rasen der Fußballspiele, das steinerne

Auf und Ab der Automobil- und Radrennbahnen. Nur zwei- oder dreimal während des Nachmittags trabt ein Zug farbiger Reiterei quer über die Ebene. Die Füße der Pferde sind unsichtbar im Staub, das gleichmäßige Licht der Sonne ändert sich bis gegen die fünfte Nachmittagsstunde nicht. Und damit nichts im Anblick dieser Ebene störe, fehlt auch jede Musik, nur das Pfeifen der Massen auf den billigen Plätzen sucht die Bedürfnisse des Ohres und der Ungeduld zu erfüllen. Von den teuren Tribünen aus, die hinter uns stehn, mag allerdings jenes Volk mit der leeren Ebene ohne Unterschied in eins zusammenfließen.

An einer Seite des Holzgeländers stehen viele Leute aneinander. »Wie klein!« ruft eine französische Gruppe gleichsam seufzend. Was ist denn los? Wir drängen uns durch. Aber da steht ja auf dem Felde, ganz nahe, mit wirklicher gelblicher Farbe ein kleiner Aeroplan, den man zum Fliegen vorbereitet. Nun sehen wir auch den Hangar Blériots, neben ihm den seines Schülers Leblanc, sie sind auf dem Felde selbst aufgebaut. An einen der zwei Flügel des Apparats gelehnt steht, gleich erkannt, Blériot und schaut, den Kopf fest auf dem Halse,

seinen Mechanikern in die Finger, wie sie am Motor arbeiten.
Auf dieser Kleinigkeit will er in die Luft? Da haben es zum Beispiel die Leute auf dem Wasser leichter. Die können zuerst in Pfützen üben, dann in Teichen, dann in Flüssen, und erst viel später wagen sie sich aufs Meer, für diesen hier gibt es nur ein Meer.
Schon sitzt Blériot auf seinem Sitz, hält die Hand auf irgendeinem Hebel, läßt aber noch die Mechaniker gewähren, als seien sie überfleißige Kinder. Er schaut langsam zu uns her, schaut von uns weg und wieder anderswohin, behält aber den Blick immer bei sich. Er wird jetzt fliegen, nichts ist natürlicher. Dieses Gefühl des Natürlichen mit dem gleichzeitigen, allgemeinen Gefühl des Außerordentlichen, das sich von ihm nicht abhalten läßt, gibt ihm diese Haltung.
Ein Arbeiter faßt den einen Flügel der Schraube, um sie anzudrehn, er reißt an ihr, es gibt auch einen Ruck, man hört etwas wie den Atemzug eines starken Mannes im Schlaf; aber die Schraube rührt sich nicht weiter. Noch einmal wird es versucht, zehnmal wird es versucht, manchmal bleibt die Schraube gleich

stehn, manchmal gibt sie sich für ein paar Wendungen her. Es liegt am Motor. Neue Arbeiten fangen an, die Zuschauer ermüden mehr als die nahe Beteiligten. Der Motor wird von allen Seiten geölt; verborgene Schrauben werden gelockert und zugeschnürt; ein Mann läuft ins Hangar, holt ein Ersatzstück; da paßt es wieder nicht; er eilt zurück, und hockend auf dem Boden des Hangars bearbeitet er es mit einem Hammer zwischen seinen Beinen. Blériot wechselt den Sitz mit einem Mechaniker, der Mechaniker mit Leblanc. Bald reißt dieser Mann an der Schraube, bald jener. Aber der Motor ist unbarmherzig, wie ein Schüler, dem man immer hilft, die ganze Klasse sagt ihm ein, nein, er kann es nicht, immer wieder bleibt er stecken, immer wieder bei der gleichen Stelle bleibt er stecken, versagt. Ein Weilchen lang sitzt Blériot ganz still in seinem Sitz; seine sechs Mitarbeiter stehn um ihn herum, ohne sich zu rühren; alle scheinen zu träumen.

Die Zuschauer können einmal aufatmen und sich umsehn. Die junge Frau Blériot mit mütterlichem Gesicht kommt vorüber, zwei Kinder hinter ihr. Wenn ihr Mann nicht fliegen

kann, ist es ihr nicht recht, und wenn er fliegt, hat sie Angst; überdies ist ihr schönes Kleid ein bißchen schwer für diese Temperatur.
Wieder wird die Schraube angedreht, vielleicht besser als früher, vielleicht auch nicht; der Motor kommt mit Lärm in Gang, als sei er ein anderer; vier Männer halten rückwärts den Apparat, und inmitten der Windstille ringsherum fährt der Luftzug von der schwingenden Schraube her in Stößen durch die Arbeitsmäntel dieser Männer. Man hört kein Wort, nur der Lärm der Schraube scheint zu kommandieren, acht Hände entlassen den Apparat, der lange über die Erdschollen hinläuft wie ein Ungeschickter auf Parketten.
Viele solcher Versuche werden gemacht, und alle enden unabsichtlich. Jeder treibt das Publikum in die Höhe, auf die Strohsessel hinaus, auf denen man mit ausgestreckten Armen zugleich sich in Balance erhält, zugleich auch Hoffnung, Angst und Freude zeigen kann. In den Pausen aber zieht die Gesellschaft des italienischen Adels die Tribünen entlang. Man begrüßt einander, verneigt sich, erkennt einander wieder, es gibt Umarmungen, man steigt die Treppen zu den Tribünen hinauf und hin-

ab. Man zeigt einander die Principessa Laetitia Savoia Bonaparte, die Principessa Borghese, eine ältliche Dame, deren Gesicht die Farbe dunkelgelber Weintrauben hat, die Contessa Morosini. Marcello Borghese ist bei allen Damen und keiner, er scheint von der Ferne ein verständliches Gesicht zu haben, in der Nähe aber schließen sich seine Wangen über den Mundwinkeln ganz fremd. Gabriele d'Annunzio, klein und schwach, tanzt scheinbar schüchtern vor dem Conte Oldofredi, einem der bedeutendsten Herren des Komitees. Von der Tribüne schaut über das Geländer das starke Gesicht Puccinis mit einer Nase, die man eine Trinkernase nennen könnte.
Aber diese Personen erblickt man nur, wenn man sie sucht, sonst sieht man überall alles entwertend die langen Damen der heutigen Mode. Sie ziehen das Gehen dem Sitzen vor, in ihren Kleidern sitzt es sich nicht gut. Alle Gesichter, asiatisch verschleiert, werden in einer leichten Dämmerung getragen. Das am Oberkörper lose Kleid läßt die ganze Gestalt von rückwärts etwas zaghaft erscheinen; ein wie gemischter, ruheloser Eindruck entsteht, wenn solche Damen zaghaft erscheinen. Das

Mieder liegt tief, kaum noch zu fassen; die Taille scheint breiter als gewöhnlich, weil alles schmal ist; diese Frauen wollen tiefer umarmt sein.
Es war nur der Apparat Leblancs, der bisher gezeigt wurde. Nun kommt aber der Apparat, mit dem Blériot den Kanal überflogen hat; keiner hat es gesagt, alle wissen es. Eine lange Pause, und Blériot ist in der Luft, man sieht seinen geraden Oberkörper über den Flügeln, seine Beine stecken tief als Teil der Maschinerie. Die Sonne hat sich geneigt, und unter dem Baldachin der Tribünen durch beleuchtet sie die schwebenden Flügel. Hingegeben sehn alle zu ihm auf, in keinem Herzen ist für einen andern Platz. Er fliegt eine kleine Runde und zeigt sich dann fast senkrecht über uns. Und alles sieht mit gerenktem Hals, wie der Monoplan schwankt, von Blériot gepackt wird und sogar steigt. Was geschieht denn? Hier oben ist zwanzig Meter über der Erde ein Mensch in einem Holzgestell verfangen und wehrt sich gegen eine freiwillig übernommene unsichtbare Gefahr. Wir aber stehen unten ganz zurückgedrängt und wesenlos und sehen diesem Menschen zu.

Alles geht gut vorüber. Der Signalmast zeigt gleichzeitig an, daß der Wind günstiger geworden ist und Curtiss um den großen Preis von Brescia fliegen wird. Also doch? Kaum verständigt man sich darüber, schon rauscht der Motor des Curtiss, kaum sieht man hin, schon fliegt er von uns weg, fliegt über die Ebene, die sich vor ihm vergrößert, zu den Wäldern in der Ferne, die jetzt erst aufzusteigen scheinen. Lange geht sein Flug über jene Wälder, er verschwindet, wir sehen die Wälder an, nicht ihn. Hinter Häusern, Gott weiß wo, kommt er in gleicher Höhe wie früher hervor, jagt gegen uns zu; steigt er, dann sieht man die unteren Flächen des Biplans dunkel sich neigen, sinkt er, dann glänzen die oberen Flächen in der Sonne. Er kommt um den Signalmast herum und wendet gleichgültig gegen den Lärm der Begrüßung, geradeaus dorthin, von wo er gekommen ist, um nur schnell wieder klein und einsam zu werden. Er führt fünf solche Runden aus, fliegt fünfzig Kilometer in neunundvierzig Minuten und vierundzwanzig Sekunden und gewinnt damit den großen Preis von Brescia, dreißigtausend Lire. Es ist eine vollkommene Leistung, aber vollkommene Leistungen können nicht gewürdigt werden, vollkommener Leistungen hält sich am Ende jeder für fähig, zu vollkommenen Leistungen scheint kein Mut nötig. Und während Curtiss allein dort über den Wäldern arbeitet, während seine allen bekannte Frau um ihn sorgt, hat die Menge ihn fast vergessen. Überall wird nur darüber geklagt, daß Calderara nicht fliegen wird (sein Apparat ist zerbrochen), daß Rougier schon zwei Tage lang an seinem Voisinflieger herumhantiert, ohne ihn loszulassen, daß Zodiac, der italienische Lenkballon, noch immer nicht gekommen ist. Über Calderaras Unglück laufen so rühmliche Gerüchte um, daß man glauben will, die Liebe der Nation sollte ihn sicherer in die Luft heben als sein Wrightflieger.

Noch hat Curtiss seinen Flug nicht beendet, und schon fangen wie vor Begeisterung in drei Hangars die Motore zu arbeiten an. Wind und Staub schlägt aus entgegengesetzten Richtungen zusammen. Zwei Augen genügen nicht. Man dreht sich auf seinem Sessel, schwankt, hält sich an irgend jemandem fest, bittet um Verzeihung, irgend jemand schwankt, reißt einen mit, man bekommt Dank. Der frühe

Abend des italienischen Herbstes beginnt, auf dem Felde ist nicht mehr alles deutlich zu sehen. Gerade als Curtiss nach seinem Siegesflug vorüberkommt, ohne herzuschauen ein bißchen lächelnd die Mütze abnimmt, fängt Blériot einen kleinen Kreisflug an, den ihm alle schon vorher zutrauen! Man weiß nicht, ob man Curtiss applaudiert oder Blériot oder schon Rougier, dessen großer schwerer Apparat sich jetzt in die Luft wirft. Rougier sitzt an seinen Hebeln wie ein Herr an einem Schreibtisch, zu dem man hinter seinem Rücken auf einer kleinen Leiter kommen kann. Er steigt in kleinen Runden, überfliegt Blériot, macht ihn zum Zuschauer und hört nicht auf zu steigen.
Wenn wir noch einen Wagen bekommen wollen, ist es höchste Zeit, wegzugehen; viele Leute drängen schon an uns vorüber. Man weiß ja, dieser Flug ist nur ein Experiment; da es schon gegen sieben Uhr geht, wird er nicht mehr offiziell registriert. In dem Vorhof des Aerodroms stehen die Chauffeure und Diener auf ihren Sitzen und zeigen auf Rougier, vor dem Aerodrom stehen die Kutscher auf den verstreuten vielen Wagen und zeigen auf Rou-

gier; drei Züge voll bis zum letzten Puffer rühren sich nicht wegen Rougier. Wir bekommen glücklich einen Wagen, der Kutscher hockt sich vor uns nieder (einen Kutschbock gibt es nicht), und endlich wieder selbständige Existenzen geworden, fahren wir los. Max macht die sehr richtige Bemerkung, daß man etwas Ähnliches wie hier auch in Prag veranstalten könnte und sollte. Es müßte ja kein Wettfliegen sein, meint er, trotzdem auch das sich lohnen würde, aber einen Aviatiker einladen, das wäre doch sicher eine Leichtigkeit, und kein Beteiligter würde es zu bereuen haben. Die Sache wäre ja so einfach; jetzt fliegt Wright in Berlin. Man müßte also die Leute nur zu dem kleinen Umweg überreden. Wir zwei andern antworten nichts, da wir erstens müde sind und zweitens auch sonst nichts einzuwenden hätten. Der Weg dreht sich, und Rougier erscheint so hoch, daß man glaubt, seine Lage könne bald nur nach den Sternen bestimmt werden, die sich gleich auf dem Himmel zeigen werden, der sich schon dunkel verfärbt. Wir hören nicht auf, uns umzudrehen; gerade steigt noch Rougier, mit uns aber geht es endgültig tiefer in die Campagna.

Erinnerung an die Kaldabahn

Eine Zeit meines Lebens – es ist nun schon viele Jahre her – hatte ich eine Anstellung bei einer kleinen Bahn im Innern Rußlands. So verlassen wie dort bin ich niemals gewesen. Aus verschiedenen Gründen, die nicht hierhergehören, suchte ich damals einen solchen Ort, je mehr Einsamkeit mir um die Ohren schlug, desto lieber war es mir, und ich will also auch jetzt nicht darüber klagen. Nur Beschäftigung fehlte mir in der ersten Zeit.
Die kleine Bahn war ursprünglich vielleicht aus irgendwelchen wirtschaftlichen Absichten angelegt worden, das Kapital hatte aber nicht ausgereicht, der Bau kam ins Stocken und statt nach Kalda, dem nächsten, von uns fünf Tagreisen mit dem Wagen entfernten größern Ort, zu führen, machte die Bahn bei einer kleinen Ansiedlung geradezu in einer Einöde halt, von wo noch eine ganze Tagereise nach Kalda nötig war. Nun hätte die Bahn, selbst wenn sie bis Kalda ausgedehnt worden wäre, noch für unabsehbare Zeiten unrentabel bleiben müs-

sen, denn ihr ganzer Plan war verfehlt, das Land brauchte Straßen, aber keine Eisenbahnen, in dem Zustand jedoch, in dem sich die Bahn jetzt befand, konnte sie überhaupt nicht bestehn, die zwei Züge, die täglich verkehrten, führten Lasten mit sich, die ein leichter Wagen hätte transportieren können, und Passagiere waren nur ein paar Feldarbeiter im Sommer. Aber man wollte die Bahn doch nicht gänzlich eingehn lassen, denn man hoffte immer noch dadurch, daß man sie im Betrieb erhielt, für den weitern Ausbau Kapital anzulocken. Auch diese Hoffnung war meiner Meinung nach nicht so sehr Hoffnung als vielmehr Verzweiflung und Faulheit. Man ließ die Bahn laufen, solange noch Material und Kohle vorhanden waren, man zahlte den paar Arbeitern die Löhne unregelmäßig und verkürzt, als wären es Gnadengeschenke, und wartete im übrigen auf den Zusammenbruch des Ganzen.
Bei dieser Bahn war ich angestellt und bewohnte einen Holzverschlag, der noch seit dem Bau der Bahn dort zurückgelieben war und gleichzeitig als Stationsgebäude diente. Er hatte nur einen Raum, in dem eine Pritsche für mich aufgestellt war – und ein Pult für mög-

liche Schreibarbeiten. Über ihm war der telegraphische Apparat angebracht. Als ich im Frühjahr hinkam, passierte der eine Zug die Station sehr früh – später wurde es geändert –, und es geschah manchmal, daß irgendein Passagier zur Station kam, während ich noch schlief. Er blieb dann natürlich – die Nächte waren dort bis in die Mitte des Sommers hinein sehr kühl – nicht im Freien, sondern klopfte an, ich riegelte auf und wir verbrachten dann oft ganze Stunden mit Plaudern. Ich lag auf meiner Pritsche, mein Gast hockte auf dem Boden oder kochte nach meiner Anweisung Tee, den wir dann beide in gutem Einverständnis tranken. Alle diese Dorfleute zeichnet große Verträglichkeit aus. Ich merkte übrigens, daß ich nicht sehr dazu angetan war, vollständige Einsamkeit zu ertragen, wenn ich mir auch sagen mußte, daß diese Einsamkeit, die ich mir auferlegt hatte, schon nach kurzer Zeit die vergangenen Sorgen zu zerstreuen begann. Ich habe überhaupt gefunden, daß es eine große Kraftprobe für ein Unglück ist, einen Menschen in der Einsamkeit dauernd zu beherrschen. Die Einsamkeit ist mächtiger als alles und treibt einen wieder den Menschen zu.

Natürlich versucht man dann andere, scheinbar weniger schmerzliche, in Wirklichkeit bloß noch unbekannte Wege zu finden.
Ich schloß mich den Leuten dort mehr an, als ich gedacht hatte. Ein regelmäßiger Verkehr war es natürlich nicht. Von den fünf Dörfern, die für mich in Betracht kamen, war jedes einige Stunden sowohl von der Station als auch von den andern Dörfern entfernt. Allzuweit mich von der Station zu entfernen durfte ich nicht wagen, wenn ich nicht meinen Posten verlieren wollte. Und das wollte ich wenigstens in der ersten Zeit durchaus nicht. In die Dörfer selbst konnte ich also nicht gehn und blieb auf die Passagiere angewiesen oder auf die Leute, welche den weiten Weg nicht scheuten, um mir einen Besuch zu machen. Schon im ersten Monat fanden sich solche Leute ein, aber wie freundlich sie auch waren, es war leicht zu erkennen, daß sie nur kamen, um vielleicht ein Geschäft mit mir zu machen, sie verbargen übrigens auch ihre Absicht gar nicht. Sie brachten verschiedene Waren, und ich kaufte zuerst, solange ich Geld hatte, gewöhnlich fast unbesehen alles ein, so willkommen waren mir die Leute, besonders einzelne.

Später schränkte ich die Einkäufe allerdings ein, unter anderem auch deshalb, weil ich zu bemerken glaubte, daß meine Art, einzukaufen, ihnen verächtlich erschien. Außerdem bekam ich auch Lebensmittel mit der Bahn, die waren allerdings ganz schlecht und noch viel teurer als das, was die Bauern brachten.
Ursprünglich hatte ich ja beabsichtigt, einen kleinen Gemüsegarten anzulegen, eine Kuh zu kaufen und mich auf diese Weise möglichst unabhängig von allen zu machen. Ich hatte auch Gartengeräte und Aussaat mitgebracht, Boden war überreichlich da, unbebaut dehnte er sich in einer einzigen Fläche um meine Hütte, ohne die geringste Erhöhung, soweit das Auge reichte. Aber ich war zu schwach, um diesen Boden zu bezwingen. Ein widerspenstiger Boden, der bis ins Frühjahr festgefroren war und selbst meiner neuen scharfen Hacke widerstand. Was man an Aussaat in ihn senkte, war verloren. Ich bekam Verzweiflungsanfälle bei dieser Arbeit. Ich lag tagelang auf meiner Pritsche und kam nicht einmal bei Ankunft der Züge hinaus. Ich steckte dann nur den Kopf aus der Luke, die gerade über der Pritsche angebracht war, und machte die Mel-

dung, daß ich krank sei. Dann kam das Zugspersonal, das aus drei Mann bestand, zu mir herein, um sich zu wärmen, aber sie fanden nicht viel Wärme, denn ich vermied es womöglich, den alten, leicht explodierenden Eisenofen zu benützen. Ich lag lieber in einen alten warmen Mantel eingepackt und mit verschiedenen Fellen zugedeckt, die ich den Bauern nach und nach abgekauft hatte. »Du bist oft krank«, sagten sie mir. »Du bist ein kränklicher Mensch. Du wirst nicht mehr von hier fortkommen.« Sie sagten es nicht etwa, um mich traurig zu machen, sondern sie hatten das Bestreben, wenn es nur möglich war, die Wahrheit rund herauszusagen. Sie taten das meistens unter einem eigentümlichen Glotzen der Augen.

Einmal im Monat, aber immer zu verschiedenen Zeiten, kam ein Inspektor, um mein Vormerkbuch zu überprüfen, das eingenommene Geld mir abzunehmen und – dies aber nicht immer – den Lohn mir auszuzahlen. Seine Ankunft wurde mir immer einen Tag vorher von den Leuten angezeigt, die ihn in der letzten Station abgesetzt hatten. Diese Anzeige hielten sie für die größte Wohltat, die sie mir erweisen konnten, trotzdem ich natürlich jeden Tag alles in Ordnung hatte. Es war auch nicht die geringste Mühe dazu nötig. Aber auch der Inspektor betrat immer die Station mit einer Miene, als müsse er diesmal meine Mißwirtschaft unbedingt aufdecken. Die Tür der Hütte öffnete er immer mit einem Kniestoß und sah mich dabei an. Kaum hatte er mein Buch aufgeschlagen, fand er einen Fehler. Es brauchte lange Zeit, ehe ich durch nochmalige Rechnung vor seinen Augen ihm nachwies, daß nicht ich, sondern er einen Fehler begangen hatte. Immer war er mit meiner Einnahme unzufrieden, dann schlug er klatschend auf das Buch und sah mich wieder scharf an. »Wir werden die Bahn einstellen müssen«, sagte er jedesmal. »Es wird dazu kommen«, antwortete ich gewöhnlich.

Nach beendeter Revision änderte sich unser Verhältnis. Ich hatte immer Schnaps und womöglich irgendeine Delikatesse vorbereitet. Wir tranken einander zu, er sang mit einer erträglichen Stimme, aber immer nur zwei Lieder, eines war traurig und begann: »Wohin gehst du, kleines Kind, im Walde?«, das zweite war lustig und fing so an: »Fröhliche Gesellen, ich gehöre zu euch!« – Je nach der Laune, in die ich ihn zu versetzen imstande war, bekam ich meinen Lohn in Teilen ausgezahlt. Aber nur am Anfang solcher Unterhaltungen beobachtete ich ihn mit irgendeiner Absicht, später wurden wir ganz einig, beschimpften schamlos die Verwaltung, ich bekam geheime Versprechungen ins Ohr geflüstert über die Karriere, die er für mich erwirken wollte, und schließlich fielen wir gemeinsam auf die Pritsche nieder in einer Umarmung, die wir oft zehn Stunden nicht lösten. Am nächsten Morgen reiste er wieder als mein Vorgesetzter weg. Ich stand vor dem Zug und salutierte, er drehte sich während des Einsteigens gewöhnlich noch nach mir um und sagte: »Also Freundchen, in einem Monat sehn wir uns wieder. Du weißt, was für dich auf dem Spiel steht.« Ich sehe noch sein mir mit Mühe zugewendetes verquollenes Gesicht, alles drängte in diesem Gesicht vor, die Wangen, die Nase, die Lippen.

Das war die einmalige große Abwechslung im Monat, bei der ich mich gehen ließ; war irrtümlich etwas Schnaps zurückgeblieben, dann soff ich es gleich nach der Abfahrt des Inspektors aus, meistens hörte ich noch das Abfahrtsignal des Zuges, während es schon in mich hineingurgelte. Der Durst nach einer solchen Nacht war fürchterlich; es war, als ob in mir ein zweiter Mensch wäre, der aus meinem Mund seinen Kopf und Hals streckte und nach etwas Trinkbarem schrie. Der Inspektor war versorgt, der führte in seinem Zug immer großen Trinkvorrat mit sich, ich aber war auf die Reste angewiesen.

Dann aber trank ich den ganzen Monat lang nichts, ich rauchte auch nicht, ich machte meine Arbeit und wollte nichts anderes. Es war, wie gesagt, nicht viel Arbeit, aber ich machte sie gründlich. Ich hatte zum Beispiel die Verpflichtung, die Geleise einen Kilometer weit rechts und links von der Station täglich zu reinigen und zu untersuchen. Ich hielt mich aber nicht an die Bestimmung und ging oft viel weiter, so weit, daß ich gerade noch die Station sehen konnte. Bei klarem Wetter war das noch bei etwa fünf Kilometer Entfernung möglich, das Land war ja ganz flach. War ich dann so weit, daß die Hütte in der Ferne mir schon vor den Augen fast nur flimmerte, sah ich manchmal infolge der Augentäuschung viele schwarze Punkte sich zur Hütte hin bewegen.

Es waren ganze Gesellschaften, ganze Trupps. Manchmal aber kam wirklich jemand, dann lief ich, die Hacke schwingend, die ganze lange Strecke zurück.
Gegen Abend war ich mit meiner Arbeit fertig und zog mich endgültig in die Hütte zurück. Gewöhnlich kam um diese Zeit auch kein Besuch, denn der Rückweg in die Dörfer war bei Nacht nicht ganz sicher. Es trieb sich verschiedenes Gesindel in der Gegend herum, aber es waren nicht Eingeborene, sie wechselten auch, sie kamen allerdings auch wieder zurück. Ich bekam die meisten zu sehn, die einsame Station lockte sie an, sie waren nicht eigentlich gefährlich, aber man mußte streng mit ihnen umgehn.
Sie waren die einzigen, die mich um die Zeit der langen Dämmerung störten. Sonst lag ich auf der Pritsche, dachte nicht an die Vergangenheit, dachte nicht an die Bahn, der nächste Zug fuhr erst zwischen zehn und elf Uhr abends durch, kurz, ich dachte an gar nichts. Hie und da las ich eine alte Zeitung, die man mir vom Zug aus zugeworfen hatte, sie enthielt Skandalgeschichten aus Kalda, die mich interessiert hätten, die ich aber aus der einzelnen

Nummer allein nicht verstehen konnte. Außerdem stand in der Nummer die Fortsetzung eines Romans, der hieß: »Die Rache des Kommandeurs«. Von diesem Kommandeur, der immer einen Dolch an der Seite trug, bei einer besonderen Gelegenheit hielt er ihn sogar zwischen den Zähnen, träumte ich einmal. Übrigens konnte ich nicht viel lesen, da es bald dunkel wurde und Petroleum oder ein Talglicht unerschwinglich teuer waren. Von der Bahn bekam ich für den Monat nur einen halben Liter Petroleum geliefert, das ich lange vor Ablauf des Monats verbraucht hatte, um bloß abends während einer halben Stunde das Signallicht für den Zug zu erhalten. Aber dieses Licht war auch gar nicht nötig und ich zündete es später wenigstens in Mondnächten gar nicht mehr an. Ich sah ganz richtig voraus, daß ich nach Ablauf des Sommers das Petroleum sehr dringend brauchen würde. Ich grub daher in einer Ecke der Hütte eine Grube aus, stellte dort ein altes ausgepichtes Bierfäßchen auf und schüttete jeden Monat das ersparte Petroleum ein. Das Ganze war mit Stroh zugedeckt und niemand merkte etwas. Je mehr es in der Hütte nach Petroleum stank, desto zufriedener war ich; der Gestank wurde deshalb so groß, weil es ein Faß aus altem brüchigem Holz war, das sich voll Petroleum tränkte. Später grub ich das Faß aus Vorsicht außerhalb der Hütte ein, denn der Inspektor protzte einmal mir gegenüber mit einer Schachtel Wachszündhölzchen und warf sie, als ich sie haben wollte, eines nach dem andern brennend in die Luft. Wir beide und besonders das Petroleum waren in wirklicher Gefahr, ich rettete alles, indem ich ihn so lange würgte, bis er alle Zündhölzchen fallen ließ.

In meinen freien Stunden dachte ich öfters darüber nach, wie ich mich für den Winter versorgen könnte. Wenn ich schon jetzt in der warmen Jahreszeit fror – und es war, wie man sagte, wärmer als seit vielen Jahren –, würde es mir im Winter sehr schlecht gehn. Daß ich Petroleum anhäufte, war nur eine Laune, ich hätte vernünftigerweise vielerlei für den Winter sammeln müssen; daß sich die Gesellschaft meiner nicht besonders annehmen würde, daran war ja kein Zweifel, aber ich war zu leichtsinnig oder, besser gesagt, ich war nicht leichtsinnig, aber es lag mir zuwenig an mir selbst, als daß ich mich in dieser Hinsicht hätte sehr

bemühen wollen. Jetzt in der warmen Jahreszeit ging es mir leidlich, ich beließ es dabei und unternahm nichts weiter.
Eine der Verlockungen, die mich in diese Station gebracht hatten, war die Aussicht auf Jagd gewesen. Man hatte mir gesagt, es sei eine außerordentlich wildreiche Gegend, und ich hatte mir schon ein Gewehr gesichert, das ich mir, wenn ich einiges Geld gespart haben würde, nachschicken lassen wollte. Nun zeigte sich, daß von jagdbarem Wild hier keine Spur war, nur Wölfe und Bären sollten hier vorkommen, in den ersten Monaten sah ich keine, und außerdem waren eigentümliche große Ratten hier, die ich gleich beobachten konnte, wie sie in Mengen, wie vom Wind geweht, über die Steppe liefen. Aber das Wild, auf das ich mich gefreut hatte, gab es nicht. Die Leute hatten mich nicht falsch unterrichtet, die wildreiche Gegend bestand, nur war sie drei Tagereisen entfernt – ich hatte nicht bedacht, daß die Ortsangaben in diesen über hunderte Kilometer hin unbewohnten Ländern notwendigerweise unsicher sein müssen. Jedenfalls brauchte ich vorläufig das Gewehr nicht und konnte das Geld für anderes verwenden, für

den Winter mußte ich mir allerdings ein Gewehr anschaffen, und ich legte dafür regelmäßig Geld beiseite. Für die Ratten, die manchmal meine Nahrungsmittel angriffen, genügte mein langes Messer.
In der ersten Zeit, als ich noch alles neugierig auffaßte, spießte ich einmal eine solche Ratte auf und hielt sie vor mir in Augenhöhe an die Wand. Man sieht kleinere Tiere erst dann genau, wenn man sie vor sich in Augenhöhe hat; wenn man sich zu ihnen zur Erde beugt und sie dort ansieht, bekommt man eine falsche, unvollständige Vorstellung von ihnen. Das Auffallendste an diesen Ratten waren die Krallen, groß, ein wenig gehöhlt und am Ende doch zugespitzt, sie waren sehr zum Graben geeignet. Im letzten Krampf, in dem die Ratte vor mir an der Wand hing, spannte sie dann die Krallen scheinbar gegen ihre lebendige Natur straff aus, sie waren einem Händchen ähnlich, das sich einem entgegenstreckt.
Im allgemeinen belästigten mich diese Tiere wenig, nur in der Nacht weckten sie mich manchmal, wenn sie im Lauf auf dem harten Boden klappernd an der Hütte vorbeieilten. Setzte ich mich dann aufrecht und zündete

etwa ein Wachslichtchen an, so konnte ich irgendwo in einer Lücke unter den Bretterpfosten die von außen hereingesteckten Krallen einer Ratte fieberhaft arbeiten sehn. Es war ganz nutzlose Arbeit, denn um für sich ein genügend großes Loch zu graben, hätte sie tagelang arbeiten müssen und sie entfloh doch schon, sobald der Tag nur ein wenig sich aufhellte, trotzdem arbeitete sie wie ein Arbeiter, der sein Ziel kennt. Und sie leistete gute Arbeit, es waren zwar unmerkliche Teilchen, die unter ihrem Graben aufflogen, aber ohne Ergebnis wurde die Kralle wohl niemals angesetzt. Ich sah in der Nacht oft lange zu, bis mich die Regelmäßigkeit und Ruhe dieses Anblicks einschläferte. Dann hatte ich nicht mehr die Kraft, das Wachslichtchen zu löschen, und es leuchtete noch ein Weilchen der Ratte bei ihrer Arbeit.

Einmal in einer warmen Nacht ging ich, als ich wieder diese Krallen arbeiten hörte, vorsichtig, ohne ein Licht anzuzünden, hinaus, um das Tier selbst zu sehn. Es hatte den Kopf mit der spitzen Schnauze tief gesenkt, fast zwischen die Vorderbeine eingeschoben, um nur möglichst eng an das Holz heranzukommen und möglichst tief die Krallen unter das Holz zu schieben. Man hätte glauben können, jemand halte in der Hütte die Krallen fest und wolle das ganze Tier hineinziehn, so sehr war alles angespannt. Und doch war auch alles mit einem Tritt beendet, durch den ich das Tier totschlug. Ich durfte bei völligem Wachsein nicht dulden, daß meine Hütte, die mein einziger Besitz war, angegriffen wurde. Um die Hütte gegen diese Ratten zu sichern, stopfte ich alle Lücken mit Stroh und Werg zu und untersuchte jeden Morgen den Boden ringsherum. Ich beabsichtigte auch, den Boden der Hütte, der bisher nur festgestampfte Erde war, mit Brettern zu belegen, was auch für den Winter nützlich sein konnte. Ein Bauer aus dem nächsten Dorf, namens Jekoz, hatte mir längst versprochen, zu diesem Zweck schöne trockene Bretter zu bringen, ich hatte ihn auch schon für dieses Versprechen öfters bewirtet, er blieb auch niemals längere Zeit aus, sondern kam alle vierzehn Tage, hatte auch manchmal Versendungen mit der Bahn auszuführen, aber die Bretter brachte er nicht. Er hatte verschiedene Ausreden dafür, meistens die, daß er selbst zu alt sei, um eine solche Last zu schleppen, und daß sein Sohn, der die Bretter bringen würde, gerade mit Feldarbeiten beschäftigt sei. Nun war Jekoz nach seiner Angabe, und es schien auch richtig zu sein, weit über siebzig Jahre alt, aber ein großer, noch sehr starker Mann. Außerdem änderte er auch seine Ausreden und sprach ein anderes Mal von den Schwierigkeiten der Beschaffung so langer Bretter, wie ich sie brauchte. Ich drängte nicht, ich brauchte die Bretter nicht notwendig, erst Jekoz selbst hatte mich überhaupt auf den Gedanken gebracht, den Boden zu belegen, vielleicht war ein solcher Belag gar nicht vorteilhaft, kurz, ich konnte ruhig die Lügen des Alten anhören. Mein ständiger Gruß war: »Die Bretter, Jekoz!« Sofort begannen in einer halb gelallten Sprache die Entschuldigungen, ich hieß Inspektor oder Hauptmann oder auch nur Telegraphist, er versprach mir nicht nur, die Bretter nächstens zu bringen, sondern mit Hilfe seines Sohnes und einiger Nachbarn meine ganze Hütte abzutragen und ein festes Haus statt ihrer aufzubauen. Ich hörte so lange zu, bis es mich müde machte und ich ihn hinausschob. Aber noch in der Tür hob er, um Verzeihung zu erlangen, die angeblich so

schwachen Arme, mit denen er in Wirklichkeit einen erwachsenen Mann hätte erdrücken können. Ich wußte, warum er die Bretter nicht brachte, er dachte, wenn der Winter näher käme, würde ich die Bretter dringender brauchen und besser bezahlen, außerdem hätte er selbst, solange die Bretter nicht geliefert seien, einen größeren Wert für mich. Nun war er natürlich nicht dumm und wußte, daß ich seine Hintergedanken kannte, aber darin, daß ich diese Kenntnis nicht ausnutzte, sah er seinen Vorteil und den wahrte er.
Alle Vorbereitungen aber, die ich machte, um die Hütte gegen die Tiere zu sichern und mich für den Winter zu verwahren, mußten eingestellt werden, als ich – das erste Vierteljahr meines Dienstes näherte sich seinem Ende – ernstlich krank wurde. Ich war bis dahin jahrelang von jeder Krankheit, selbst vom leichtesten Unwohlsein verschont geblieben, diesmal wurde ich krank. Es begann mit einem starken Husten. Etwa zwei Stunden landeinwärts von der Station entfernt war ein kleiner Bach, aus dem ich in einem Faß auf einem Schubkarren meinen Wasservorrat zu holen pflegte. Ich badete dort auch öfters, und dieser

Husten war die Folge davon. Die Hustenanfälle waren so stark, daß ich mich beim Husten zusammenkrümmen mußte, ich glaubte, dem Husten nicht widerstehen zu können, wenn ich mich nicht zusammenkrümmte und so alle Kräfte zusammennahm. Ich dachte, das Zugspersonal würde über den Husten entsetzt sein, aber sie kannten ihn, sie nannten ihn Wolfshusten. Seitdem begann ich, das Heulen aus dem Husten herauszuhören. Ich saß auf dem Bänkchen vor der Hütte und begrüßte heulend den Zug, heulend begleitete ich seine Abfahrt. In den Nächten kniete ich auf der Pritsche, statt zu liegen, und drückte das Gesicht in die Felle, um mir wenigstens das Anhören des Heulens zu ersparen. Ich wartete gespannt, bis das Springen irgendeines wichtigen Blutgefäßes allem ein Ende machen würde. Es geschah aber nichts Derartiges, und der Husten war sogar in wenigen Tagen vergangen. Es gibt einen Tee, der ihn heilt, und der eine Lokomotivführer versprach mir, ihn zu bringen, erklärte mir aber, daß man ihn erst am achten Tage nach Beginn des Hustens trinken dürfe, sonst helfe er nicht. Am achten Tag brachte er ihn wirklich und ich erinnerte mich, wie außer dem Zugspersonal auch die Passagiere, zwei junge Bauern, in meine Hütte kamen, denn das Anhören des ersten Hustens nach dem Teetrinken soll eine gute Vorbedeutung haben. Ich trank, hustete noch den ersten Schluck den Anwesenden ins Gesicht, fühlte dann aber wirklich gleich eine Erleichterung, wenn auch allerdings der Husten in den letzten zwei Tagen schon schwächer gewesen war. Aber ein Fieber blieb zurück und verlor sich nicht.

Dieses Fieber machte mich sehr müde, ich verlor alle Widerstandskraft, es konnte geschehn, daß mir ganz unerwartet auf der Stirn Schweiß ausbrach, ich zitterte dann am ganzen Leib und mußte mich, wo ich auch war, niederlegen und warten, bis sich die Sinne wieder zusammenfanden. Ich merkte sehr genau, daß mir nicht besser, sondern schlechter wurde und daß es für mich sehr notwendig war, nach Kalda zu fahren und dort ein paar Tage zu bleiben, bis sich mein Zustand gebessert.

Die städtische Welt

Oskar M., ein älterer Student – wenn man ihn nahe ansah, erschrak man vor seinen Augen – blieb an einem Winternachmittag mitten im Schneefall auf einem leeren Platz stehn, in seinen Winterkleidern mit dem Winterrock darüber, einem Shawl um den Hals und einer Fellmütze auf dem Kopf. Er zwinkerte mit den Augen vor Nachdenken. So sehr hatte er sich in Gedanken verlassen, daß er einmal die Mütze abnahm und mit ihrem krausen Fell sich über das Gesicht strich. Endlich schien er zu einem Schluß gekommen und wendete sich mit einer Tanzdrehung zum Heimweg.

Als er die Tür des elterlichen Wohnzimmers öffnete, sah er seinen Vater, einen glattrasierten Mann mit schwerem Fleischgesicht, der Tür zugekehrt, an einem leeren Tisch sitzen. »Endlich«, sagte dieser, kaum daß Oskar den Fuß ins Zimmer gesetzt hatte, »bleib, ich bitte dich, bei der Tür, ich habe nämlich eine solche Wut auf dich, daß ich meiner nicht sicher bin.«

»Aber Vater«, sagte Oskar und merkte erst beim Reden, wie er gelaufen war.
»Ruhe«, schrie der Vater und stand auf, wodurch er ein Fenster verdeckte. »Ruhe befehle ich. Und deine ›Aber‹ laß dir, verstehst du.« Dabei nahm er den Tisch mit beiden Händen und trug ihn einen Schritt Oskar näher. »Dein Lotterleben ertrage ich einfach nicht länger. Ich bin ein alter Mann. In dir dachte ich einen Trost des Alters zu haben, indessen bist du für mich ärger als alle meine Krankheiten. Pfui über einen solchen Sohn, der durch Faulheit, Verschwendung, Bosheit und (warum soll ich es dir nicht offen sagen) Dummheit seinen alten Vater ins Grab drängt.« Hier verstummte der Vater, bewegte aber sein Gesicht, als rede er noch.
»Lieber Vater«, sagte Oskar und ging vorsichtig dem Tisch zu, »beruhige dich, alles wird gut werden. Ich habe heute einen Einfall gehabt, der mich zu einem tätigen Menschen machen wird, wie du es dir nur wünschen kannst.«
»Wie das?« fragte der Vater und sah in eine Zimmerecke.
»Vertraue mir nur, beim Abendessen werde

ich dir alles erklären. In meinem Innern war ich immer ein guter Sohn, nur daß ich es nach außen nicht zeigen konnte, verbitterte mich so, daß ich dich lieber ärgerte, wenn ich dich schon nicht erfreuen konnte. Jetzt aber laß mich noch ein wenig spazierengehn, damit sich meine Gedanken klarer entwickeln.«

Der Vater, der sich zuerst, aufmerksam werdend, auf den Tischrand gesetzt hatte, stand auf. »Ich glaube nicht, daß das, was du jetzt gesagt hast, viel Sinn hat, ich halte es eher für Geschwätz. Aber schließlich bist du mein Sohn. – Komm rechtzeitig, wir werden zu Hause nachtmahlen, und du kannst deine Sache dann vortragen.«

»Dieses kleine Vertrauen genügt mir, ich bin dir dafür von Herzen dankbar. Aber ist es denn nicht schon an meinen Blicken zu sehn, daß ich mit einer ernsten Sache vollkommen beschäftigt bin.«

»Ich sehe vorläufig nichts«, sagte der Vater. »Aber es kann auch meine Schuld sein, denn ich bin aus der Übung gekommen, dich überhaupt anzusehn.« Dabei machte er, wie es seine Gewohnheit war, durch regelmäßiges Beklopfen der Tischplatte darauf aufmerksam, wie die Zeit verging. »Die Hauptsache aber ist, daß ich gar kein Vertrauen mehr zu dir habe, Oskar. Wenn ich dich einmal anschreie – wie du gekommen bist, habe ich dich doch angeschrien, nicht wahr? – so tue ich das nicht in der Hoffnung, es könnte dich bessern, ich tue es nur in Gedanken an deine arme gute Mutter, die jetzt vielleicht noch kein unmittelbares Leid über dich verspürt, aber schon an der Anstrengung, ein solches Leid abzuwehren, denn sie glaubt dir dadurch irgendwie zu helfen, langsam zugrunde geht. Aber schließlich sind das ja Sachen, die du sehr gut weißt, und ich hätte schon aus Rücksicht auf mich nicht wieder an sie erinnert, wenn du mich durch deine Versprechungen nicht dazu gereizt hättest.«

Während der letzten Worte trat das Dienstmädchen ein, um nach dem Feuer im Ofen zu sehn. Kaum hatte sie das Zimmer verlassen, als Oskar ausrief: »Aber Vater! Ich hätte das nicht erwartet. Wenn ich nur einen kleinen Einfall gehabt hätte, sagen wir, einen Einfall zu meiner Dissertation, die ja schon zehn Jahre in meinem Kasten liegt und Einfälle braucht wie Salz, so ist es möglich, wenn auch nicht wahrscheinlich, daß ich, wie es heute geschehen ist, vom Spaziergang nach Hause gelaufen wäre und gesagt hätte: ›Vater, ich habe glücklicherweise diesen und diesen Einfall.‹ Wenn du daraufhin mit deiner ehrwürdigen Stimme die Vorwürfe von vorhin mir ins Gesicht gesagt hättest, dann wäre mein Einfall einfach weggeblasen gewesen, und ich hätte sofort mit irgendeiner Entschuldigung oder ohne solche abmarschieren müssen. Jetzt dagegen! Alles, was du gegen mich sagst, hilft meinen Ideen, sie hören nicht auf, stark werdend füllen sie mir den Kopf. Ich werde gehn, weil ich nur im Alleinsein Ordnung in sie bringen kann.« Er schluckte an seinem Atem in dem warmen Zimmer.

»Es kann ja auch eine Lumperei sein, die du im Kopf hast«, sagte der Vater mit großen Augen, »dann glaube ich schon, daß sie dich festhält. Wenn sich aber etwas Tüchtiges in dich verirrt hat, entläuft es dir über Nacht. Ich kenne dich.«

Oskar drehte den Kopf, als halte man ihn am Halse. »Laß mich jetzt. Du bohrst überflüssigerweise in mich hinein. Die bloße Möglichkeit, daß du mein Ende richtig voraussagen kannst, sollte dich wahrhaftig nicht dazu verlocken, mich in meiner guten Überlegung zu stören. Vielleicht gibt dir meine Vergangenheit das Recht dazu, aber du solltest es nicht ausnützen.«

»Da siehst du am besten, wie groß deine Unsicherheit sein muß, wenn sie dich dazu zwingt, so gegen mich zu sprechen.«

»Nichts zwingt mich«, sagte Oskar und zuckte im Genick. Er trat auch ganz eng an den Tisch heran, so daß man nicht mehr wußte, wem er gehörte. »Was ich sagte, sagte ich in Ehrfurcht und sogar aus Liebe zu dir, wie du später auch sehen wirst, denn an meinen Entschlüssen hat die Rücksichtnahme auf dich und Mama den größten Anteil.«

»Da muß ich dir schon jetzt danken«, sagte der Vater, »da es ja sehr unwahrscheinlich ist, daß deine Mutter und ich im rechten Augenblick noch dessen fähig sein werden.«

»Bitte, Vater, laß doch die Zukunft noch schlafen, wie sie es verdient. Wenn man sie nämlich vorzeitig weckt, bekommt man dann eine verschlafene Gegenwart. Daß dir das aber erst dein Sohn sagen muß! Auch wollte ich dich ja noch nicht überzeugen, sondern dir nur die

Neuigkeit melden. Und das wenigstens ist mir, wie du selbst zugeben mußt, gelungen.«

»Jetzt, Oskar, wundert mich eigentlich nur noch eins: warum du mit einer solchen Sache wie heute nicht schon öfters zu mir gekommen bist. Sie entspricht so deinem bisherigen Wesen. Nein, tatsächlich, es ist mein Ernst.«

»Ja, hättest du mich dann durchgehaut, statt mir zuzuhören? Ich bin hergelaufen, das weiß Gott, um dir rasch eine Freude zu machen. Verraten kann ich dir aber nichts, solange mein Plan nicht vollständig fertig ist. Warum strafst du mich also für meine gute Absicht und willst von mir Erklärungen haben, die jetzt noch der Ausführung meines Planes schaden könnten?«

»Schweig, ich will gar nichts wissen. Aber ich muß dir sehr rasch antworten, weil du dich zur Tür zurückziehst und offenbar etwas sehr Dringendes vorhast: Meine erste Wut hast du mit deinem Kunststück beruhigt, nur ist mir jetzt noch trauriger zumut als früher und deshalb bitte ich dich – wenn du darauf bestehst, kann ich auch die Hände falten –, sage wenigstens der Mutter nichts von deinen Ideen. Laß es mit mir genug sein.«

»Das ist ja nicht mein Vater, der so mit mir

spricht«, rief Oskar, der den Arm schon auf die Türklinke gelegt hatte. »Es ist seit Mittag etwas mit dir vorgegangen oder du bist ein fremder Mensch, dem ich jetzt zum erstenmal im Zimmer meines Vaters begegne. Mein wirklicher Vater« – Oskar schwieg einen Augenblick mit offenem Mund –, »er hätte mich doch umarmen müssen, er hätte die Mutter hergerufen. Was hast du, Vater?«
»Du solltest lieber mit deinem wirklichen Vater nachtmahlen, mein' ich. Es würde vergnügter zugehn.«
»Er wird schon kommen. Schließlich kann er nicht ausbleiben. Und die Mutter muß dabeisein. Und Franz, den ich jetzt hole. Alle.« Darauf drängte Oskar mit der Schulter gegen die leicht aufgehende Türe, als habe er sich vorgenommen, sie einzudrücken.
In Franzens Wohnung angekommen, beugte er sich zur kleinen Hauswirtin, mit den Worten: »Der Herr Ingenieur schläft, ich weiß, das macht nichts«, und ohne sich um die Frau zu kümmern, die aus Unzufriedenheit mit dem Besuch nutzlos im Vorzimmer auf und ab ging, öffnete er die Glastür, die, als sei sie an

einer empfindlichen Stelle gefaßt, in seiner Hand erzitterte, und rief, unbekümmert um das Innere des Zimmers, das er noch kaum sah: »Franz, aufstehn. Ich brauch deinen fachmännischen Rat. Aber hier im Zimmer halte ich es nicht aus, wir müssen ein bißchen spazierengehn, du mußt auch bei uns nachtmahlen. Also rasch.«

»Sehr gern«, sagte der Ingenieur von seinem Lederkanapee her, »aber was zuerst? Aufstehn, nachtmahlen, spazierengehn, Rat geben? Einiges werde ich auch überhört haben.«

»Vor allem keine Witze machen, Franz. Das ist das Wichtigste, das habe ich vergessen.«

»Den Gefallen mach' ich dir sofort. Aber das Aufstehn! – Ich würde lieber zweimal für dich nachtmahlen als einmal aufstehn.«

»Also jetzt auf! Keine Widerrede.« Oskar faßte den schwachen Menschen vorn beim Rock und setzte ihn auf.

»Du bist aber rabiat, weißt du. Alle Achtung. Hab' ich dich schon einmal so vom Kanapee gerissen?« Er wischte sich mit beiden kleinen Fingern die geschlossenen Augen aus.

»Aber Franz«, sagte Oskar mit verzogenem Gesicht, »zieh dich schon an. Ich bin doch kein Narr, daß ich dich ohne Grund geweckt hätte.«

»Ebenso habe ich auch nicht ohne Grund geschlafen. Ich habe gestern Nachtdienst gehabt, dann bin ich heute schon um meinen Mittagsschlaf gekommen, auch deinetwegen –«

»Wieso?«

»Ach was, es ärgert mich schon, wie wenig Rücksicht du auf mich nimmst. Es ist nicht das erstemal. Natürlich, du bist ein freier Student und kannst machen, was du willst. Jeder ist nicht so glücklich. Da muß man doch Rücksicht nehmen, zum Kuckuck! Ich bin zwar dein Freund, aber deshalb hat man mir noch meinen Beruf nicht abgenommen.« Er zeigte das durch Hin- und Herschütteln der flachen Hände.

»Muß ich aber nach deinem jetzigen Mundwerk nicht glauben, daß du mehr als genug ausgeschlafen bist?« sagte Oskar, der sich auf einen Bettpfosten hinaufgezogen hatte, von wo er den Ingenieur ansah, als habe er schon etwas mehr Zeit als früher.

»Also was willst du eigentlich von mir? oder besser gesagt, warum hast du mich geweckt?« fragte der Ingenieur und rieb sich stark den

Hals unter seinem Ziegenbart, in dieser näheren Beziehung, die man nach dem Schlaf zu seinem Körper hat.
»Was ich von dir will«, sagte Oskar leise und gab dem Bett einen Stoß mit dem Fußabsatz. »Sehr wenig. Ich habe es dir doch schon aus dem Vorzimmer gesagt: daß du dich anziehst.«
»Wenn du damit andeuten willst, daß mich deine Neuigkeit sehr wenig interessiert, so hast du ganz recht.«
»Das ist ja gut, so wird das Feuer, in das sie dich setzen wird, ganz auf ihre eigene Rechnung gehn, ohne daß sich unsere Freundschaft eingemischt hätte. Die Auskunft wird auch klarer sein. Ich brauche klare Auskunft, das halte dir vor Augen. Wenn du aber vielleicht Kragen und Krawatte suchst, die liegen dort auf dem Sessel.«
»Danke«, sagte der Ingenieur und fing an, Kragen und Krawatte zu befestigen, »auf dich kann man sich halt doch verlassen.«

Verlockung im Dorf

11. Juni. Ich kam einmal im Sommer gegen Abend in ein Dorf, in dem ich noch nie gewesen war. Mir fiel auf, wie breit und frei die Wege waren. Überall vor den Bauernhöfen sah man hohe alte Bäume. Es war nach einem Regen, die Luft ging frisch, mir gefiel alles so gut. Ich suchte es durch meinen Gruß den Leuten zu zeigen, die vor den Toren standen, sie antworteten freundlich, wenn auch zurückhaltend. Ich dachte, daß es gut wäre, hier zu übernachten, wenn ich einen Gasthof fände.
Ich ging gerade an der hohen grünbewachsenen Mauer eines Hofes vorüber, als eine kleine Türe in dieser Mauer sich öffnete, drei Gesichter hervorsahen, verschwanden und die Tür sich wieder schloß. »Sonderbar«, sagte ich seitwärts, als hätte ich einen Begleiter. Und tatsächlich stand neben mir, wie um mich verlegen zu machen, ein großer Mann, ohne Hut und Rock, in einer gestrickten schwarzen Weste, und rauchte eine Pfeife. Ich faßte mich rasch und sagte, als hätte ich schon früher von

seiner Anwesenheit gewußt: »Die Tür! Haben Sie auch gesehn, wie sich diese kleine Tür geöffnet hat?«

»Ja«, sagte der Mann, »aber warum soll das sonderbar sein, es waren die Kinder des Pächters. Sie haben Ihre Schritte gehört und nachgesehn, wer so spät abends hier geht.«

»Das ist allerdings eine einfache Erklärung«, sagte ich lächelnd, »einem Fremden kommt leicht alles sonderbar vor. Ich danke Ihnen.«

Und ich ging weiter. Aber der Mann folgte mir. Ich wunderte mich nicht eigentlich darüber, der Mann konnte den gleichen Weg haben, aber es war kein Grund, warum wir hintereinander und nicht nebeneinander gehn sollten.

Ich drehte mich um und sagte: »Ist hier der richtige Weg zum Gasthof?«

Der Mann blieb stehn und sagte: »Einen Gasthof haben wir nicht oder vielmehr, wir haben einen, aber er ist unbewohnbar. Er gehört der Gemeinde, und sie hat ihn schon vor Jahren, da sich niemand um ihn beworben hat, einem alten Krüppel vergeben, für den sie bisher hatte sorgen müssen. Der verwaltet jetzt mit seiner Frau den Gasthof, und zwar so, daß man kaum an der Tür vorübergehn kann, so groß ist der Gestank, der herauskommt. In der Wirtsstube gleitet man vor Schmutz aus. Eine elende Wirtschaft, eine Schande des Dorfes, eine Schande der Gemeinde.«

Ich hatte Lust, dem Mann zu widersprechen, sein Aussehn reizte mich dazu, dieses im Grunde magere Gesicht mit gelblichen, lederartigen, schwach gepolsterten Wangen und schwarzen, nach den Kieferbewegungen durch das ganze Gesicht irrenden Falten. »So«, sagte ich, ohne weiteres Staunen über diese Verhältnisse auszudrücken, und fuhr dann fort: »Nun, ich werde doch dort wohnen, da ich nun einmal entschlossen bin, hier zu übernachten.«

»Dann allerdings«, sagte der Mann hastig, »ins Gasthaus müssen Sie aber hier gehn«, und er zeigte mir die Richtung, aus der ich gekommen war. »Gehn Sie bis zur nächsten Ecke und biegen Sie dann rechts ein. Sie werden dann gleich eine Gasthaus-Tafel sehn. Dort ist es.«

Ich dankte für die Auskunft und ging nun wieder an ihm, der mich jetzt besonders genau beobachtete, vorüber. Dagegen, daß er mir vielleicht eine falsche Richtung angegeben hatte, war ich allerdings wehrlos, wohl aber sollte er mich weder dadurch verblüffen, daß er mich jetzt zwang, an ihm vorbeizumarschieren, noch dadurch, daß er so auffallend schnell von seiner Warnung wegen des Gasthauses abgelassen hatte. Das Gasthaus würde mir auch ein anderer zeigen, und war es schmutzig, so konnte ich auch einmal im Schmutz schlafen, wenn nur mein Trotz befriedigt war. Übrigens hatte ich auch nicht viel andere Wahl, es war schon dunkel, die Landstraßen waren vom Regen aufgeweicht und der Weg zum nächsten Dorf noch lang.

Ich hatte den Mann schon hinter mir und beabsichtigte, mich gar nicht mehr um ihn zu kümmern, da hörte ich eine Frauenstimme, die zu dem Mann sprach. Ich drehte mich um. Aus dem Dunkel unter einer Gruppe von Platanen trat eine aufrechte große Frau hervor. Ich Rock glänzte gelblichbraun, am Kopf und an den Schultern lag ein schwarzes grobmaschiges Tuch. »Komm doch schon nach Hause«, sagte sie zu dem Mann, »warum kommst du nicht?«

»Ich komme schon«, sagte er, »warte nur noch

ein Weilchen. Ich will nur noch zusehn, was dieser Mann hier machen wird. Er ist ein Fremder. Er treibt sich hier ganz unnötigerweise herum. Sieh nur.«

Er redete von mir, als sei ich taub oder als verstände ich seine Sprache nicht. Nun lag mir allerdings nicht viel daran, was er sagte, aber es wäre mir natürlich unangenehm gewesen, wenn er im Dorf irgendwelche falsche Gerüchte über mich verbreitet hätte. Ich sagte also zu der Frau hinüber: »Ich suche hier den Gasthof, nichts weiter. Ihr Mann hat kein Recht, in dieser Weise von mir zu reden und Ihnen vielleicht eine falsche Meinung über mich beizubringen.«

Die Frau sah aber kaum auf mich hin, sondern ging zu ihrem Mann, ich hatte richtig erkannt, daß es ihr Mann war, eine so gerade selbstverständliche Beziehung bestand zwischen ihnen – und legte die Hand auf seine Schulter: »Wenn Sie etwas haben wollen, dann reden Sie mit meinem Mann, nicht mit mir.«

»Ich will gar nichts haben«, sagte ich, ärgerlich über diese Behandlung, »ich kümmere mich um Sie nicht, kümmern Sie sich auch nicht um mich. Das ist meine einzige Bitte.« Die Frau zuckte mit dem Kopf, das konnte ich im Dunkel noch sehn, den Ausdruck ihrer Augen aber nicht mehr. Offenbar wollte sie etwas antworten, aber ihr Mann sagte: »Sei still!« und sie schwieg.

Dieses Zusammentreffen schien mir nun endgültig erledigt, ich drehte mich um und wollte weitergehn, da rief jemand »Herr«. Das galt wahrscheinlich mir. Im ersten Augenblick wußte ich gar nicht, woher die Stimme kam, dann aber sah ich über mir auf der Hofmauer einen jungen Mann sitzen, der mit herabbaumelnden Beinen und aneinanderschlagenden Knien nachlässig zu mir sagte: »Ich habe jetzt gehört, daß Ihr im Dorf übernachten wollt. Außer hier auf dem Hof bekommt Ihr nirgends ein brauchbares Quartier.«

»Auf dem Hof?« fragte ich und unwillkürlich, ich war nachher darüber wütend, sah ich fragend auf das Ehepaar, das noch immer aneinandergelehnt dastand und mich beobachtete.

»Es ist so«, sagte er, in seiner Antwort wie in seinem ganzen Benehmen war Hochmut.

»Es werden hier Betten vermietet?« fragte ich nochmals, um Sicherheit zu haben und um den

Mann in die Rolle des Vermieters zurückzudrängen.
»Ja«, sagte er und hatte schon den Blick ein wenig von mir abgewendet, »es werden hier Betten für die Nacht überlassen, nicht jedem, sondern nur dem, dem sie angeboten werden.«
»Ich nehme es an«, sagte ich, »werde aber natürlich das Bett bezahlen, wie im Gasthof.«
»Bitte«, sagte der Mann und sah schon längst über mich hinweg, »wir werden Euch nicht übervorteilen.«
Er saß oben wie der Herr, ich stand unten wie ein kleiner Diener, ich hatte viel Lust, ihn dort oben durch einen Steinwurf etwas lebendiger zu machen. Statt dessen sagte ich: »Macht mir bitte also die Tür auf.«
»Sie ist nicht zugesperrt«, sagte er.
»Sie ist nicht zugesperrt«, wiederholte ich brummend, fast ohne es zu wissen, öffnete die Tür und trat ein. Zufällig sah ich gleich nach dem Eintritt auf die Mauer hinauf, der Mann war nicht mehr oben, er war offenbar die Mauer trotz ihrer Höhe hinabgesprungen und besprach sich vielleicht mit dem Ehepaar.

Mochten sie besprechen, was konnte mir, einem jungen Menschen, geschehn, dessen Barschaft knapp drei Gulden überstieg und dessen sonstiger Besitz in nicht viel anderem bestand als einem reinen Hemd im Rucksack und einem Revolver in der Hosentasche. Übrigens sahen die Leute gar nicht so aus, als ob sie jemanden bestehlen wollten. Was konnten sie aber sonst von mir verlangen?

Es war der gewöhnliche ungepflegte Garten großer Bauernhöfe, die feste Steinmauer hatte mehr erwarten lassen. Im hohen Gras standen, regelmäßig verteilt, abgeblühte Kirschbäume. In der Ferne sah man das Bauernhaus, einen ausgedehnten ebenerdigen Bau. Es wurde schon sehr dunkel; ich war ein später Gast; wenn mich der Mann auf der Mauer irgendwie belogen hatte, konnte ich in eine unangenehme Lage kommen. Auf dem Weg zum Haus traf ich niemanden, aber schon ein paar Schritte vor dem Haus sah ich durch die offene Tür im ersten Raum zwei große alte Leute, Mann und Frau nebeneinander, die Gesichter der Tür zugewendet, aus einer Schüssel irgendeinen Brei essen. In der Finsternis unterschied ich nichts Genaueres, nur an dem Rock des Mannes glänzte es stellenweise wie von Gold, es waren wohl die Knöpfe oder vielleicht die Uhrkette.

Ich grüßte und sagte dann, ohne vorläufig die Schwelle zu überschreiten: »Ich suchte gerade Nachtquartier im Ort, da sagte mir ein junger Mann, der auf der Mauer Ihres Gartens saß, daß man hier im Hofe gegen Bezahlung übernachten könne.« Die zwei Alten hatten ihre Löffel in den Brei gesteckt, sich auf ihrer Bank zurückgelehnt und sahen mich schweigend an. Sehr gastfreundlich war ihr Benehmen nicht. Ich fügte deshalb hinzu: »Ich hoffe, daß die Auskunft, die ich bekommen habe, richtig war und daß ich Sie nicht unnötigerweise gestört habe.« Ich sagte das sehr laut, denn vielleicht waren die zwei auch schwerhörig.

»Kommen Sie näher«, sagte der Mann nach einem Weilchen.

Nur weil er so alt war, folgte ich ihm, sonst hätte ich natürlich darauf bestanden, daß er auf meine bestimmte Frage bestimmt antworte. Jedenfalls sagte ich während des Eintretens: »Wenn Ihnen meine Aufnahme nur die geringsten Schwierigkeiten machen sollte, so sagen Sie es offen, ich bestehe durchaus nicht darauf.

Ich gehe in den Gasthof, es ist mir ganz gleichgültig.«
»Er redet so viel«, sagte die Frau leise.
Es konnte nur als Beleidigung gemeint sein, auf meine Höflichkeit antwortete man also mit Beleidigungen, aber es war eine alte Frau, ich konnte mich nicht wehren. Und gerade diese Wehrlosigkeit war vielleicht der Grund dessen, daß die nicht zurückzutreibende Bemerkung der Frau in mir viel mehr wirkte, als sie es verdiente. Ich fühlte irgendeine Berechtigung irgendeines Tadels, nicht deshalb, weil ich zuviel gesprochen hatte denn ich hatte tatsächlich nur das Notwendigste gesagt, aber aus sonstigen, ganz nah an meine Existenz heranreichenden Gründen. Ich sagte nichts weiter, bestand auf keiner Antwort, sah in einem nahen dunklen Winkel eine Bank, ging hin und setzte mich.
Die Alten begannen wieder zu essen, ein Mädchen kam aus einem Nebenzimmer und stellte eine brennende Kerze auf den Tisch. Jetzt sah man noch weniger als früher, alles war im Dunkel zusammengezogen, nur die kleine Flamme flackerte über den ein wenig gebeugten Köpfen der Alten. Einige Kinder liefen aus

dem Garten herein, eines fiel hin und weinte, die andern stockten im Lauf und standen nun verstreut im Zimmer, der Alte sagte: »Geht schlafen, Kinder.«

Sofort sammelten sie sich, das Weinende schluchzte nur noch, ein Junge in meiner Nähe zupfte mich am Rock, als ob er meinte, ich solle auch mitkommen, tatsächlich wollte ich ja auch schlafen gehn, ich stand also auf und ging als großer Mensch inmitten der Kinder, die laut und einheitlich Gute Nacht sagten, stumm aus dem Zimmer. Der freundliche kleine Junge hielt mich an der Hand, so daß ich mich leicht im Dunkel zurechtfand. Wir kamen aber auch sehr bald zu einer Leitertreppe, stiegen hinauf und waren auf dem Boden. Durch eine kleine offene Dachluke sah man gerade den schmalen Mond, es war eine Lust, unter die Luke zu treten – mein Kopf ragte fast in sie hinein – und die laue und doch kühle Luft zu atmen. Auf der Erde war an einer Wand Stroh aufgeschüttet, dort war auch für mich Platz genug zum Schlafen. Die Kinder – es waren zwei Jungen und drei Mädchen – zogen sich unter Lachen aus, ich hatte mich in den Kleidern aufs Stroh geworfen, ich war

doch bei Fremden und hatte keinen Anspruch, hier gelassen zu werden. Auf den Ellbogen gestützt sah ich ein Weilchen den Kindern zu, die halbnackt in einem Winkel spielten. Dann fühlte ich mich aber so müde, daß ich den Kopf auf meinen Rucksack legte, die Arme ausstreckte, ein wenig noch die Dachbalken mit den Blicken streifte und einschlief. Im ersten Schlaf glaubte ich noch den einen Knaben rufen zu hören: »Achtung, er kommt!«, worauf in mein schon entschwindendes Bewußtsein das eilige Trippeln der Kinder hineinklang, die zu ihrem Lager liefen.
Ich hatte gewiß nur ganz kurze Zeit geschlafen, denn als ich aufwachte, fiel das Mondlicht durch die Luke fast unverändert auf die gleiche Stelle des Fußbodens. Ich wußte nicht, warum ich aufgewacht war, denn ich hatte ohne Träume und tief geschlafen. Da bemerkte ich neben mir etwa in der Höhe meines Ohres einen ganz kleinen buschigen Hund, eines jener widerlichen Schoßhündchen mit verhältnismäßig großem, von lockigen Haaren umgebenen Kopf, in den die Augen und die Schnauze wie Schmuckstücke aus irgendeiner leblosen hornartigen Masse locker eingesetzt

sind. Wie kam ein solcher Großstadthund ins Dorf? Was trieb ihn bei Nacht im Haus herum? Warum stand er bei meinem Ohr? Ich fauchte ihn an, damit er wegginge, vielleicht war er ein Spielzeug der Kinder und hatte sich zu mir nur verirrt. Er erschrak über mein Blasen, lief aber nicht weg, sondern drehte sich nur um, stand nun mit krummen Beinchen da und zeigte seinen besonders im Vergleich zum großen Kopf verkümmerten kleinen Leib. Da er ruhig blieb, wollte ich wieder schlafen, aber ich konnte nicht, immerfort sah ich gerade vor meinen geschlossenen Augen in der Luft den Hund schaukeln und die Augen hervordrükken. Das war unerträglich, ich konnte das Tier nicht neben mir behalten, ich stand auf und nahm es auf den Arm, um es hinauszutragen. Aber das bisher so stumpfe Tier fing an, sich zu wehren und versuchte mit seinen Krallen mich zu fassen. Ich mußte also auch seine Pfötchen verwahren, was freilich sehr leicht war, alle vier konnte ich in einer Hand zusammenhalten.

»So, mein Hündchen«, sagte ich zu dem aufgeregten Köpfchen mit den schüttelnden Locken hinunter und ging mit ihm ins Dunkel, um die

Tür zu suchen. Erst jetz fiel mir auf, wie still das Hündchen war, es bellte und quietschte nicht, nur das Blut klopfte ihm wild durch alle Adern, das fühlte ich. Nach ein paar Schritten – die Aufmerksamkeit, die der Hund in Anspruch nahm, hatte mich unvorsichtig gemacht – stieß ich zu meinem großen Ärger an eines der schlafenden Kinder. Es war jetzt auch ganz dunkel in der Bodenkammer, durch die kleine Luke kam nur noch wenig Licht. Das Kind seufzte, ich stand einen Augenblick still, entfernte nicht einmal meine Fußspitze, um nur durch keine Änderung das Kind noch mehr zu wecken. Es war zu spät, plötzlich sah ich rings um mich die Kinder in ihren weißen Hemden sich erheben, wie auf Verabredung, wie ein Befehl, meine Schuld war es nicht, ich hatte nur ein Kind geweckt, und dieses Wecken war gar kein Wecken gewesen, sondern nur eine kleine Störung, die ein Kinderschlaf leicht hätte überstehen müssen. Nun, jetzt waren sie wach. »Was wollt ihr, Kinder«, fragte ich, »schlaft doch weiter.«

»Sie tragen etwas«, sagte ein Junge, und alle fünf suchten an mir herum.

»Ja«, sagte ich, ich hatte nichts zu verbergen,

wenn die Kinder das Tier hinaustragen wollten, war es desto besser. »Diesen Hund trage ich hinaus. Er hat mich nicht schlafen lassen. Wisset ihr, wem er gehört?«
»Der Frau Cruster«, so glaubte ich wenigstens aus ihren verwirrten, undeutlichen, verschlafenen, nicht für mich, nur für einander berechneten Ausrufen herauszuhören.
»Wer ist denn Frau Cruster?« fragte ich, aber ich bekam von den aufgeregten Kindern keine Antwort mehr. Eines nahm mir den Hund, der nun ganz still geworden war, vom Arm und eilte mit ihm weg, alle folgten.
Allein wollte ich hier nicht bleiben, die Schläfrigkeit war mir nun auch schon vergangen, einen Augenblick zögerte ich zwar, es schien mir, als mische ich mich zu sehr in die Angelegenheiten dieses Hauses ein, in dem mir niemand großes Vertrauen gezeigt hatte, schließlich lief ich aber doch den Kindern nach. Ich hörte knapp vor mir das Tappen ihrer Füße, aber in dem völligen Dunkel und auf den unbekannten Wegen stolperte ich öfters und schlug sogar einmal schmerzhaft mit dem Kopf an die Wand. Wir kamen auch in das Zimmer, in dem ich die Alten zuerst getroffen

hatte, es war leer, durch die noch immer offene Tür sah man den Garten im Mondlicht. ›Geh hinaus‹, sagte ich mir, ›die Nacht ist warm und hell, man kann weitermarschieren oder auch im Freien übernachten. Es ist doch so sinnlos, hier den Kindern nachzulaufen.‹ Aber ich lief doch weiter, ich hatte ja auch noch Hut, Stock und Rucksack oben auf dem Boden. Aber wie die Kinder liefen! Das mondbeleuchtete Zimmer hatten sie, wie ich deutlich gesehen hatte, mit wehenden Hemden in zwei Sprüngen durchflogen. Mir fiel ein, daß ich für den Mangel an Gastfreundschaft in diesem Hause gebührend dankte, indem ich die Kinder aufgescheucht hatte, einen Rundlauf durchs Haus veranstaltete, selbst, statt zu schlafen, das Haus durchlärmte (die Schritte der bloßen Kinderfüße waren neben meinen schweren Stiefeln kaum zu hören) und nicht einmal wußte, was sich noch als Folge alles dessen ergeben sollte.

Plötzlich leuchtete es hell auf. In einem vor uns sich öffnenden Zimmer mit einigen weit offenen Fenstern saß bei einem Tisch eine zarte Frau und schrieb beim Licht einer großen schönen Stehlampe. »Kinder!« rief sie erstaunt, mich sah sie noch nicht, ich blieb vor der Tür im Schatten. Die Kinder stellten den Hund auf den Tisch, sie liebten die Frau wohl sehr, immerfort suchten sie ihr in die Augen zu sehn, ein Mädchen ergriff ihre Hand und streichelte sie, sie ließ es geschehn und merkte es kaum. Der Hund stand vor ihr auf dem Briefbogen, auf dem sie eben geschrieben hatte, und streckte ihr seine zitternde kleine Zunge entgegen, die man knapp vor dem Lampenschirm deutlich sah. Die Kinder baten nun, hierbleiben zu dürfen, und suchten der Frau eine Zustimmung abzuschmeicheln. Die Frau war unentschlossen, erhob sich, streckte die Arme aus, zeigte auf das eine Bett und den harten Boden. Die Kinder wollten das nicht gelten lassen und legten sich zur Probe auf den Boden nieder, wo sie gerade standen; ein Weilchen lang war alles still. Die Frau blickte lächelnd, die Hände im Schoß gefaltet, auf die Kinder nieder. Hie und da hob ein Kind den Kopf, aber da es auch noch die andern liegen sah, legte es sich wieder zurück.

Ernst Liman-Fragment

Ernst Liman kam auf einer Geschäftsreise am Morgen eines regnerischen Herbsttages in Konstantinopel an und fuhr nach seiner Gewohnheit – er machte diese Reise schon zum zehnten Male –, ohne sich um irgend etwas sonst zu kümmern, durch die im übrigen leeren Gassen zu dem Hotel, in dem er zu seiner Zufriedenheit stets zu wohnen pflegte. Es war fast kühl, der Sprühregen flog in den Wagen hinein, und ärgerlich über das schlechte Wetter, das ihn während der ganzen diesjährigen Geschäftsreise verfolgte, zog er das Wagenfenster in die Höhe und lehnte sich in eine Ecke, um die etwa einviertelstündige Wagenfahrt, die ihm bevorstand, zu verschlafen. Da ihn aber die Fahrt gerade durch das Geschäftsviertel führte, kam er zu keiner Ruhe, und die Ausrufe der Straßenverkäufer, das Rollen der Lastfuhren, wie auch anderer, ohne nähere Untersuchung sinnloser Lärm, zum Beispiel das Händeklatschen einer Volksmenge, störte seinen sonst festen Schlaf.

Am Ziel seiner Fahrt erwartete ihn eine unangenehme Überraschung. Bei dem letzten großen Brand in Stambul, von dem Liman auf der Reise wohl gelesen hatte, war das Hotel Kingston, in dem er zu wohnen pflegte, fast vollständig niedergebrannt, der Kutscher aber, der dies natürlich gewußt hatte, hatte mit vollständiger Gleichgültigkeit gegen seinen Passagier dessen Auftrag dennoch ausgeführt und ihn stillschweigend zu der Brandstätte des Hotels gebracht. Nun stieg er ruhig vom Bock und hätte auch noch die Koffer Limans abgeladen, wenn ihn dieser nicht bei der Schulter gepackt und geschüttelt hätte, worauf dann der Kutscher allerdings von den Koffern abließ, aber so langsam und verschlafen, als hätte nicht Liman ihn davon abgebracht, sondern sein eigener geänderter Entschluß. Das Erdgeschoß des Hotels war noch zum Teil erhalten und durch Lattenverschläge oben auf allen Seiten leidlich bewohnbar gemacht worden. Eine türkische und eine französische Aufschrift zeigte an, daß das Hotel in kurzer Zeit schöner und moderner als früher wieder aufgebaut werden sollte. Doch war das einzige Anzeichen dessen die Arbeit dreier Tagelöhner, welche mit

Schaufeln und Hacken abseits Schutt aufhäuften und einen kleinen Handkarren damit beluden.

Wie sich zeigte, wohnte in diesen Trümmern ein Teil des durch den Brand arbeitslos gewordenen Hotelpersonals. Ein Herr in schwarzem Gehrock und hochroter Krawatte kam auch sofort, als Limans Wagen angehalten hatte, herausgelaufen, erzählte dem verdrießlich zuhörenden Liman die Geschichte des Brandes, wickelte dabei die Enden seines langen dünnen Bartes um seine Finger und ließ davon nur ab, um Liman zu zeigen, wo der Brand entstanden war, wie er sich verbreitet hatte und wie endlich alles zusammengebrochen war. Liman, der während dieser ganzen Geschichte kaum die Blicke vom Boden abgewendet und die Klinke der Wagentür nicht losgelassen hatte, wollte gerade dem Kutscher den Namen eines anderen Hotels zurufen, in das er ihn fahren sollte, als der Mann im Gehrock ihn mit erhobenen Armen bat, in kein anderes Hotel zu gehn, sondern diesem Hotel, in dem er doch immer zufrieden gewesen war, treu zu bleiben. Trotzdem dies gewiß nur eine leere Redensart war und niemand sich an Liman erinnern konnte, wie auch Liman kaum einen der männlichen und weiblichen Angestellten, die er in der Tür und in den Fenstern erblickte, wiedererkannte, so fragte er doch als ein Mensch, dem seine Gewohnheiten lieb sind, auf welche Weise er denn augenblicklich dem abgebrannten Hotel treu bleiben solle. Nun erfuhr er – und mußte unwillkürlich über die Zumutung lächeln –, daß für frühere Gäste dieses Hotels, aber nur für solche, schöne Zimmer in Privatwohnungen vorbereitet seien, Liman müsse nur befehlen und er werde sofort hingeführt werden, es sei ganz in der Nähe, er werde keinen Zeitverlust haben und der Preis sei aus Gefälligkeit und da es sich ja doch um einen Ersatz handle, ganz besonders niedrig, wenn auch das Essen nach Wiener Rezepten womöglich noch besser und die Bedienung noch sorgfältiger sei als in dem früheren, in mancher Beziehung doch unzureichenden Hotel Kingston.

»Danke«, sagte Liman und stieg dabei in den Wagen. »Ich bleibe in Konstantinopel nur fünf Tage, für diese Zeit werde ich mich doch nicht in einer Privatwohnung einrichten, nein, ich fahre in ein Hotel. Nächstes Jahr aber, wenn ich wiederkomme und Ihr Hotel wieder aufgebaut ist, werde ich gewiß nur bei Ihnen absteigen. Erlauben Sie!« Und Liman wollte die Wagentüre zuziehn, deren Klinke nun der Vertreter des Hotels ergriffen hatte.

»Herr!« sagte dieser bittend und sah zu Liman auf.

»Loslassen!« rief Liman, rüttelte an der Tür und gab dem Kutscher den Befehl: »Ins Hotel Royal.« Aber sei es, daß der Kutscher ihn nicht verstand, sei es, daß er auf das Schließen der Tür wartete, jedenfalls saß er auf seinem Bock wie eine Statue. Der Vertreter des Hotels aber ließ die Tür durchaus nicht los, ja er winkte sogar einem Kollegen eifrig zu, sich doch zu rühren und ihm zu Hilfe zu kommen. Besonders von irgendeinem Mädchen erhoffte er viel und rief immer wieder »Fini! also Fini! Wo ist denn Fini?« Die Leute an den Fenstern und in der Türe hatten sich in das Innere des Hauses gewendet, sie riefen durcheinander, man sah sie an den Fenstern vorüberlaufen, alle suchten Fini.

Liman hätte wohl den Mann, der ihn am Wegfahren hinderte und dem offenbar nur der Hunger den Mut zu einem solchen Benehmen gab, mit einem Stoß von der Tür entfernen können – das sah der Mann auch ein und wagte deshalb gar nicht, Liman anzusehn –, aber Liman hatte auf seinen Reisen schon zu viele schlechte Erfahrungen gemacht, um nicht zu wissen, wie wichtig es ist, in der Fremde, und sei man noch so sehr im Recht, jedes Aufsehen zu vermeiden, er stieg deshalb ruhig nochmals aus dem Wagen, ließ vorläufig den Mann, der krampfhaft die Tür hielt, unbeachtet, ging zum Kutscher, wiederholte ihm seinen Auftrag, gab ihm noch ausdrücklich den Befehl, rasch von hier wegzufahren, trat dann zu dem Mann an der Wagentüre, faßte seine Hand scheinbar mit gewöhnlichem Griff, drückte sie aber im geheimen so stark im Gelenk, daß der Mann mit dem Schrei »Fini«, der gleichzeitig Befehl und Ausbruch seines Schmerzes war, fast aufsprang und die Finger von der Klinke löste.

»Sie kommt schon! Sie kommt schon!« rief es da von allen Fenstern, und ein lachendes Mädchen, die Hände noch an der knapp fertig gewordenen Frisur, lief mit halb geneigtem Kopf aus dem Hause auf den Wagen zu. »Rasch! In den Wagen! Es gießt ja«, rief sie, indem sie Liman an den Schultern faßte

und ihr Gesicht ganz nahe an seines hielt. »Ich bin Fini«, sagte sie dann leise und ließ die Hände streichelnd seine Schultern entlangfahren.
›Man meint es ja nicht gerade schlecht mit mir‹, sagte sich Liman und sah lächelnd das Mädchen an, ›schade, daß ich kein Junge mehr bin und mich auf unsichere Abenteuer nicht einlasse.‹ »Es muß ein Irrtum sein, Fräulein«, sagte er und wandte sich seinem Wagen zu, »ich habe Sie weder rufen lassen noch beabsichtige ich, mit Ihnen wegzufahren.« Vom Wagen aus fügte er noch hinzu: »Bemühen Sie sich nicht weiter.«
Aber Fini hatte schon einen Fuß auf das Trittbrett gesetzt und sagte, die Arme über ihrer Brust gekreuzt: »Warum wollen Sie sich denn von mir nicht eine Wohnung empfehlen lassen?« Müde der Belästigungen, die er hier schon ausgestanden hatte, sagte Liman, sich zu ihr herausbeugend: »Halten Sie mich bitte nicht länger mit unnützen Fragen auf! Ich fahre ins Hotel und damit genug. Geben Sie Ihren Fuß vom Trittbrett herunter, sonst kommen Sie in Gefahr. Vorwärts, Kutscher!« – »Halt!« rief aber das Mädchen und wollte

sich nun ernstlich in den Wagen schwingen. Liman stand kopfschüttelnd auf und verstellte mit seiner gedrungenen Gestalt die ganze Tür. Das Mädchen suchte ihn fortzustoßen und gebrauchte hierzu auch den Kopf und die Knie, der Wagen fing auf seinen elenden Federn zu schaukeln an, Liman hatte keinen rechten Halt. »Warum wollen Sie mich denn nicht mitnehmen? Warum wollen Sie mich denn nicht mitnehmen?« wiederholte das Mädchen immerfort.

Gewiß wäre es Liman gelungen, das allerdings kräftige Mädchen wegzudrängen, ohne ihr besondere Gewalt anzutun, wenn nicht der Mann im Gehrock, der sich bisher, als sei er von Fini abgelöst, ruhig verhalten hatte, nun, als er Fini wanken sah, mit einem Sprung hinzugeeilt wäre, Fini von hinten gehalten und gegenüber Limans immerhin schonender Abwehr mit dem Einsetzen aller Kraft das Mädchen in den Wagen zu heben versucht hätte. Im Gefühl dieses Rückhaltes drang sie auch tatsächlich in den Wagen, zog die Tür zu, die überdies von außen auch zugestoßen wurde, sagte wie für sich »Nun also« und ordnete zuerst flüchtig ihre Bluse und dann gründlicher ihre Frisur. »Das ist unerhört«, sagte Liman, der auf seinen Sitz zurückgefallen war, zu dem ihm gegenübersitzenden Mädchen.

Bilder von der Verteidigung eines Hofes

Es war ein einfacher und lückenloser Holzzaun von nicht ganz Manneshöhe. Dahinter standen drei Männer, deren Gesichter man über den Zaun hinausragen sah, der mittlere war der größte, die beiden anderen, um mehr als einen Kopf kleiner, drängten sich an ihn, es war eine einheitliche Gruppe. Diese drei Männer verteidigten den Zaun oder vielmehr den ganzen Hof, der von ihm umschlossen war. Es waren noch andere Männer da, aber unmittelbar beteiligten sie sich an der Verteidigung nicht. Einer saß an einem Tischchen mitten im Hof; da es warm war, hatte er sich den Uniformrock ausgezogen und über die Sessellehne gehängt. Er hatte vor sich einige kleine Zettel, die er mit großen, breiten, viel Tinte verbrauchenden Schriftzügen beschrieb. Hie und da sah er auf eine kleine Zeichnung, die weiter oben mit Reißnägeln an der Tischplatte befestigt war, es war ein Plan des Hofes und der Mann, welcher der Kommandant war, verfaßte nach diesem Plane die Anordnung für die Verteidigung. Manchmal richtete er sich halb auf, um nach den drei Verteidigern zu sehn und über den Zaun hinweg ins freie Land. Auch was er dort sah, nützte er für seine Anordnungen aus. Er arbeitete eilig, wie es die gespannte Lage erforderte. Ein kleiner bloßfüßiger Junge, der in der Nähe im Sande spielte, trug, wenn es so weit war und der Kommandant ihn rief, die Zettel aus. Doch mußte ihm der Kommandant immer zuerst mit dem Uniformrock die vom feuchten Sande schmutzigen Hände reinigen, ehe er ihm die Zettel gab. Der Sand war feucht vom Wasser, das aus einem großen Bottich ausspritzte, in welchem ein Mann Militärwäsche wusch, auch eine Leine hatte er von einer Latte des Zauns zu einem schwachen Lindenbaum gezogen, der verlassen im Hof stand. Auf dieser Leine war Wäsche zum Trocknen ausgehängt, und als jetzt der Kommandant sein Hemd, das ihm schon am schwitzenden Leibe klebte, plötzlich über den Kopf hin auszog und mit kurzem Zuruf dem Mann beim Bottich zuwarf, nahm dieser ein trockenes Hemd von der Leine und übergab es seinem Vorgesetzten. Nicht weit vom Bottich im Baumschatten saß ein junger Mann schaukelnd auf einem Sessel, unbekümmert um alles, was ringsumher geschah, die Blicke verloren zum Himmel und zum Flug der Vögel gerichtet, und übte auf einem Waldhorn militärische Signale. Das war notwendig wie etwas anderes, aber manchmal wurde es dem Kommandanten zuviel, dann winkte er, ohne von seiner Arbeit aufzusehn, dem Trompeter zu, daß er aufhöre, und als das nicht half, drehte er sich um und schrie ihn an, dann war ein Weilchen lang Stille, bis der Trompeter leise, zum Versuch nur, wieder zu blasen begann und, als es ihm durchging, allmählich wieder den Ton zur früheren Stärke anschwellen ließ. Der Vorhang des Giebelfensters war herabgelassen, was nichts Auffallendes hatte, denn alle Fenster auf dieser Hausseite waren irgendwie verdeckt, um sie vor dem Einblick und Angriff der Feinde zu schützen, aber hinter jenem Vorhang duckte sich die Tochter des Pächters, blickte auf den Trompeter hinunter und die Klänge des Waldhorns entzückten sie so, daß sie manchmal nur mit geschlossenen Augen, die Hand am Herzen, sie in sich aufnehmen konnte. Eigentlich hätte sie in der großen Stube im Hinterhaus die Mägde beaufsichtigen sollen, die dort Charpie zupften, aber sie hatte es dort, wohin die Töne nur schwach, niemals Befriedigung bringend, immer nur Sehnsucht erweckend, gedrungen waren, nicht ausgehalten und sich durch das verlassene dumpfe Haus hier heraufgestohlen. Manchmal beugte sie sich auch ein wenig weiter vor, um zu sehn, ob der Vater noch bei seiner Arbeit sitze und nicht etwa das Gesinde revidieren gegangen sei, denn dann wäre auch ihres Bleibens hier nicht mehr gewesen. Nein, er saß noch immer, aus seiner Pfeife paffend, auf der Steinstufe vor der Haustür und schnitt Schindeln, ein großer Haufen fertiger und halbfertiger Schindeln sowie rohen Materials lag um ihn herum. Das Haus und das Dach würde leider unter dem Kampfe leiden und man mußte Vorsorge treffen. Aus dem Fenster neben der Haustür, das bis auf eine kleine Lücke mit Brettern verschlagen war, kam Rauch und Lärm, dort war die Küche und die Pächterin beendigte eben mit den Militärköchen das Mittagessen. Der große Herd reichte dafür nicht aus, es waren daher auch noch zwei Kessel aufgestellt worden, aber auch sie genügten nicht, wie sich jetzt zeigte: dem Kommandanten war es sehr wichtig, die Mannschaft reichlich zu nähren. Man hatte sich deshalb entschlossen, noch einen dritten Kessel zu Hilfe zu nehmen, da er aber ein wenig schadhaft war, war ein Mann auf der Gartenseite des Hauses damit beschäftigt, ihn zuzulöten. Er hatte es ursprünglich vor dem Hause zu machen gesucht, aber der Kommandant hatte das Hämmern nicht ertragen können und man hatte den Kessel wegrollen müssen. Die Köche waren sehr ungeduldig, immer wieder schickten sie jemanden nachzusehn, ob der Kessel schon fertig sei, aber er war noch immer nicht fertig, für das heutige Mittagessen kam er nicht mehr in Betracht und man würde sich einschränken müssen. Zuerst wurde dem Kommandanten serviert. Trotzdem er es sich einige Male und sehr ernsthaft verbeten hatte, ihm etwas Besonderes zu kochen, hatte sich die Hausfrau nicht entschließen können, ihm die gewöhnliche Mannschaftskost zu geben, auch wollte sie es niemand anderem anvertrauen, ihn zu bedienen, zog eine schöne weiße Schürze an, stellte auf ein silbernes Tablett den Teller mit kräftiger Hühnersuppe und trug es dem Kommandanten in den Hof hinaus, da man nicht erwarten konnte, daß er seine Arbeit unterbrechen und ins Haus essen gehn werde. Er erhob sich gleich sehr höflich, als er die Hausfrau selbst herankommen sah, mußte ihr aber sagen, daß er keine Zeit zum Essen habe, weder Zeit noch Ruhe, die Hausfrau bat mit geneigtem Kopf, Tränen in den aufwärts schauenden Augen, und erreichte damit, daß der Kommandant, noch immer stehend, aus dem noch immer in den Händen der Hausfrau befindlichen Teller lächelnd einen Löffel voll Suppe nahm. Damit war aber auch der äußersten Höflichkeit Genüge getan, der Kommandant verbeugte sich und setzte sich zu seiner Arbeit, er merkte wahrscheinlich kaum, daß die Hausfrau noch ein Weilchen lang neben ihm stand, und dann seufzend in die Küche zurückging. Ganz anders aber war der Appetit der Mannschaften. Kaum erschien in der Lücke des Küchenfensters das wildbärtige Gesicht eines Kochs, der mit einer Pfeife das Zeichen gab, daß das Mittagessen ausgeteilt werde, wurde es überall lebendig, lebendiger als es dem Kommandanten lieb war. Aus einem Holzschuppen zogen zwei Soldaten einen Handwagen, der eigentlich nur ein großes Faß darstellte, in welches aus der Küchenlücke in breitem Strom die Suppe geschüttet wurde für jene Mannschaften, welche ihren Platz nicht verlassen durften und denen daher das Essen zugeführt wurde. Zuerst fuhr das Wägelchen zu den Verteidigern am Zaun, es wäre dies wohl auch geschehn, ohne daß der Kommandant mit dem Finger ein Zeichen hätte geben müssen, denn jene drei waren augenblicklich am meisten dem Feind ausgesetzt und das verstand auch der einfache Mann zu würdigen, vielleicht mehr als der Offizier, aber dem Kommandanten lag vor allem daran, die Verteilung zu beschleunigen und die lästige Unterbrechung der Verteidigungsarbeiten, welche das Essen verursachte, möglichst abzukürzen, sah er doch, wie selbst die drei, sonst musterhafte Soldaten, sich jetzt mehr um den Hof und das Wägelchen als um das Vorfeld des Zaunes bekümmerten. Sie wurden schnell aus dem Wägelchen versorgt, das dann weiter den Zaun entlang geführt wurde, denn alle zwanzig Schritte etwa hockten unten am Zaun drei Soldaten, bereit, wenn es nötig werden sollte, so wie jene ersten drei aufzustehn und sich dem Feind zu zeigen. Inzwischen kam in langer Reihe aus dem Haus die Reserve zur Küchenlücke, jeder Mann die Schüssel in der Hand. Auch der Trompeter näherte sich, zog zum Leidwesen der Pächterstochter, die nun wieder zu den Mägden zurückkehrte, die Schüssel unter seinem Sessel hervor und brachte statt ihrer sein Waldhorn dort unter. Und in dem Wipfel der Linde begann ein Rauschen, denn dort saß ein Soldat, der die Feinde durch ein Fernrohr zu beobachten hatte und der trotz seiner wichtigen unentbehrlichen Arbeit von dem Führer des Suppenwagens wenigstens vorläufig vergessen worden war. Das erbitterte ihn um so mehr, als sich einige Soldaten, nichtstuerische Reservemannschaften, um die Mahlzeit besser zu genießen, rund um den Stamm niedergesetzt hatten und der Dampf und Duft der Suppe zu ihm emporstieg. Zu schreien wagte er nicht, aber im Gezweig schlug er um sich und stieß mehrmals das Fernrohr, um auf sich aufmerksam zu machen, durch das Laubwerk hinab. Alles vergebens. Er gehörte zu den Abnehmern des Wägelchens und mußte warten, bis es nach beendigter Rundfahrt zu ihm kam. Das dauerte freilich lange, denn der Hof war groß, wohl vierzig Posten zu drei Mann waren zu versorgen, und als das Wägelchen, von den übermüdeten Soldaten gezogen, endlich zur Linde kam, war schon nur wenig im Faß und besonders die Fleischstücke waren spärlich. Zwar nahm der Späher den Rest noch gern an, als er ihm in einer Schüssel mit einer Hakenstange heraufgereicht wurde, glitt dann aber ein wenig am Stamm herab und stieß wütend – dies war sein Dank – den Fuß in das Gesicht des Soldaten, der ihn bedient hatte. Dieser, begreiflicherweise außer sich vor Erregung, ließ sich von seinen Kameraden hochheben, war im Nu oben im Baum und nun begann ein von unten unsichtbarer Kampf, der sich nur im Schwanken der Äste, dumpfem Stöhnen, Umherfliegen der Blätter äußerte, bis dann endlich das Fernrohr zu Boden fiel und nun sofort Ruhe eintrat. Der Kommandant hatte, von andern Dingen sehr in Anspruch genommen – draußen im Felde schien Verschiedenes vorzugehn –, glücklicherweise nichts bemerkt, still kletterte der Soldat herunter, freundschaftlichst wurde das Fernrohr hinaufgereicht und alles war wieder gut, nicht einmal von der Suppe war nennenswert viel verlorengegangen, denn der Späher hatte vor dem Kampf die Schüssel an den obersten Zweigen sorgfältig windsicher befestigt.

Auf dem Dachboden

Die Kinder hatten ein Geheimnis. Auf dem Dachboden, in einem tiefen Winkel inmitten des Gerümpels eines ganzen Jahrhunderts, wohin kein Erwachsener mehr sich hintasten konnte, hatte Hans, der Sohn des Advokaten, einen fremden Mann entdeckt. Er saß auf einer Kiste, die, der Länge nach aufgestellt, an der Wand lehnte. Sein Gesicht zeigte, als er Hans erblickte, weder Schrecken noch Staunen, sondern nur Stumpfheit, mit klaren Augen beantwortete er Hansens Blick. Eine große runde Mütze aus Krimmerpelz saß tief auf seinem Kopf. Ein starker Schnurrbart breitete sich steif aus. Gekleidet war er in einen weiten braunen Mantel, den ein mächtiges Riemenzeug, es erinnerte an das Geschirr eines Pferdes, zusammenhielt. Auf dem Schoß lag ein gebogener kurzer Säbel in mattleuchtender Scheide. Die Füße staken in gespornten Schaftstiefeln, ein Fuß war auf eine umgestürzte Weinflasche gestellt, der andere auf dem Boden war etwas aufgerichtet und mit Ferse und Sporn ins Holz gerammt. »Weg«, schrie Hans, als der Mann mit langsamer Hand nach ihm greifen wollte, lief weit in die neuern Teile des Dachbodens und blieb erst stehn, als ihm die dort zum Trocknen aufgehängte Wäsche naß ins Gesicht klatschte. Dann aber kehrte er doch gleich wieder zurück. Mit gewissermaßen verächtlich aufgestülpter Unterlippe saß der Fremde dort und rührte sich nicht. Hans prüfte durch vorsichtiges Heranschleichen, ob diese Bewegungslosigkeit nicht Hinterlist sei. Aber der Fremde schien wirklich nichts Böses zu beabsichtigen, ganz schlaff saß er da, vor lauter Schlaffheit nickte sein Kopf kaum merklich. So wagte es Hans, einen alten durchlöcherten Ofenschirm, der ihn noch von dem Fremden trennte, wegzuschieben, ganz nahe heranzutreten und schließlich sogar ihn zu berühren. »So staubig bist du!« sagte er staunend und zog seine geschwärzte Hand zurück. »Ja, staubig«, sagte der Fremde, sonst nichts. Es war eine so ungewöhnliche Aussprache, erst im Nachklang verstand Hans die Worte. »Ich bin Hans«, sagte er, »der Sohn des Advokaten und wer bist du?« »So«, sagte der Fremde, »ich bin auch ein Hans, heiße Hans

Schlag, bin badischer Jäger und stamme von Koßgarten am Neckar. Alte Geschichten.«

»Jäger bist du? Du gehst auf die Jagd?« fragte Hans. »Ach, du bist noch ein kleiner Junge«, sagte der Fremde, »und warum reißt du den Mund so auf, wenn du sprichst?« Diesen Fehler pflegte auch der Advokat auszusetzen, aber beim Jäger, den man kaum verstand und dem das Mundaufreißen sehr zu empfehlen gewesen wäre, war dieser Tadel gewiß nicht angebracht.

In unserer Synagoge

In unserer Synagoge lebt ein Tier in der Größe etwa eines Marders. Es ist oft sehr gut zu sehn, bis auf eine Entfernung von etwa zwei Metern duldet es das Herankommen der Menschen. Seine Farbe ist ein helles Blaugrün. Sein Fell hat noch niemand berührt, es läßt sich also darüber nichts sagen, fast möchte man behaupten, daß auch die wirkliche Farbe des Felles unbekannt ist, vielleicht stammt die sichtbare Farbe nur vom Staub und Mörtel, die sich im Fell verfangen haben, die Farbe ähnelt ja auch dem Verputz des Synagogeninnern, nur ist sie ein wenig heller. Es ist, von seiner Furchtsamkeit abgesehn, ein ungemein ruhiges seßhaftes Tier; würde es nicht so oft aufgescheucht werden, es würde wohl den Ort kaum wechseln, sein Lieblingsaufenthalt ist das Gitter der Frauenabteilung, mit sichtbarem Behagen krallt es sich in die Maschen des Gitters, streckt sich und blickt hinab in den Betraum, diese kühne Stellung scheint es zu freuen, aber der Tempeldiener hat den Auftrag, das Tier niemals am Gitter zu dulden, es würde sich an diesen Platz gewöhnen, und das kann man wegen der Frauen, die das Tier fürchten, nicht zulassen. Warum sie es fürchten, ist unklar. Es sieht allerdings beim ersten Anblick erschrekkend aus, besonders der lange Hals, das dreikantige Gesicht, die fast waagrecht vorstehenden Oberzähne, über der Oberlippe eine Reihe langer, die Zähne überragender, offenbar ganz harter, heller Borstenhaare, das alles kann erschrecken, aber bald muß man erkennen, wie ungefährlich dieser ganze scheinbare Schrekken ist. Vor allem hält es sich ja von den Menschen fern, es ist scheuer als ein Waldtier und scheint mit nichts als dem Gebäude verbunden und sein persönliches Unglück besteht wohl darin, daß dieses Gebäude eine Synagoge ist, also ein zeitweilig sehr belebter Ort. Könnte man sich mit dem Tier verständigen, könnte man es allerdings damit trösten, daß die Gemeinde unseres Bergstädtchens von Jahr zu Jahr kleiner wird und es ihr schon Mühe macht, die Kosten für die Erhaltung der Synagoge aufzubringen. Es ist nicht ausgeschlossen, daß in einiger Zeit aus der Synagoge ein Getreidespeicher wird oder dergleichen und

daß das Tier die Ruhe bekommt, die ihm jetzt schmerzlich fehlt.
Es sind allerdings nur die Frauen, die das Tier fürchten, den Männern ist es längst gleichgültig geworden, eine Generation hat es der anderen gezeigt, immer wieder hat man es gesehn, schließlich hat man keinen Blick mehr daran gewendet und selbst die Kinder, die es zum erstenmal sehn, staunen nicht mehr. Es ist das Haustier der Synagoge geworden, warum sollte nicht die Synagoge ein besonderes, nirgends sonst vorkommendes Haustier haben? Wären nicht die Frauen, man würde kaum mehr von der Existenz des Tieres wissen. Aber selbst die Frauen haben keine wirkliche Furcht vor dem Tier, es wäre auch zu sonderbar, ein solches Tier tagaus, tagein zu fürchten, jahre- und jahrzehntelang. Sie verteidigen sich zwar damit, daß ihnen das Tier meist viel näher ist als den Männern, und das ist richtig. Hinunter zu den Männern wagt sich das Tier nicht, niemals hat man es noch auf dem Fußboden gesehn. Läßt man es nicht zum Gitter der Frauenabteilung, so hält es sich wenigstens in gleicher Höhe auf der gegenüberliegenden Wand auf. Dort ist ein ganz schmaler Mauer-

vorsprung, kaum zwei Finger breit, er umläuft drei Seiten der Synagoge, auf diesem Vorsprung huscht das Tier manchmal hin und her, meistens aber hockt es ruhig auf einer bestimmten Stelle gegenüber den Frauen. Es ist fast unbegreiflich, wie es diesen schmalen Weg so leicht benützen kann, und die Art, wie es dort oben, am Ende angekommen, wieder wendet, ist sehenswert, es ist doch schon ein sehr altes Tier, aber es zögert nicht, den gewagtesten Luftsprung zu machen, der auch niemals mißlingt, in der Luft hat es sich umgedreht und schon läuft es wieder seinen Weg zurück. Allerdings wenn man das einigemal gesehen hat, ist man gesättigt und hat keinen Anlaß, immerfort hinzustarren. Es ist ja auch weder Furcht noch Neugier, welche die Frauen in Bewegung hält, würden sie sich mehr mit dem Beten beschäftigen, könnten sie das Tier völlig vergessen, die frommen Frauen täten das auch, wenn es die andern, welche die große Mehrzahl sind, zuließen, diese aber wollen immer gern auf sich aufmerksam machen und das Tier ist ihnen dafür ein willkommener Vorwand. Wenn sie es könnten und wenn sie es wagten, hätten sie das Tier noch näher an sich gelockt, um noch mehr erschrecken zu dürfen. Aber in Wirklichkeit drängt sich ja das Tier gar nicht zu ihnen, es kümmert sich, wenn es nicht angegriffen wird, um sie ebensowenig wie um die Männer, am liebsten würde es wahrscheinlich in der Verborgenheit bleiben, in der es in den Zeiten außerhalb des Gottesdienstes lebt, offenbar in irgendeinem Mauerloch, das wir noch nicht entdeckt haben. Erst wenn man zu beten anfängt, erscheint es, erschreckt durch den Lärm. Will es sehen, was geschehen ist, will es wachsam bleiben, will es frei sein, fähig zur Flucht? Vor Angst läuft es hervor, aus Angst macht es seine Kapriolen und wagt sich nicht zurückzuziehen, bis der Gottesdienst zu Ende ist. Die Höhe bevorzugt es natürlich deshalb, weil es dort am sichersten ist, und die besten Laufmöglichkeiten hat es auf dem Gitter und dem Mauervorsprung, aber es ist keineswegs immer dort, manchmal steigt es auch tiefer zu den Männern hinab, der Vorhang der Bundeslade wird von einer glänzenden Messingstange getragen, die scheint das Tier zu locken, oft genug schleicht es hin, dort aber ist es immer ruhig, nicht einmal wenn es dort knapp bei der Bundeslade ist, kann man sagen, daß es stört, mit seinen blanken, immer offenen, vielleicht lidlosen Augen scheint es die Gemeinde anzusehen, sieht aber gewiß niemanden an, sondern blickt nur den Gefahren entgegen, von denen es sich bedroht fühlt.

In dieser Hinsicht schien es, wenigstens bis vor kurzem, nicht viel verständiger als unsere Frauen. Was für Gefahren hat es denn zu fürchten? Wer beabsichtigt ihm etwas zu tun? Lebt es denn nicht seit vielen Jahren völlig sich selbst überlassen? Die Männer kümmern sich nicht um seine Anwesenheit, und die Mehrzahl der Frauen wäre wahrscheinlich unglücklich, wenn es verschwände. Und da es das einzige Tier im Haus ist, hat es also überhaupt keinen Feind. Das hätte es nachgerade im Laufe der Jahre schon durchschauen können. Und der Gottesdienst mit seinem Lärm mag ja für das Tier sehr erschreckend sein, aber er wiederholt sich doch in bescheidenem Ausmaß jeden Tag und gesteigert an den Festtagen, immer regelmäßig und ohne Unterbrechung; auch das ängstlichste Tier hätte sich schon daran gewöhnen können, besonders, wenn es sieht, daß es nicht etwa der Lärm von Verfolgern ist, sondern ein Lärm, den es gar nicht begreift. Und doch diese Angst. Ist es die Erinnerung an längst vergangene oder die Vorahnung künftiger Zeiten? Weiß dieses alte Tier vielleicht mehr als die drei Generationen, die jeweils in der Synagoge versammelt sind?

Vor vielen Jahren, so erzählt man, soll man wirklich versucht haben, das Tier zu vertreiben. Es ist ja möglich, daß es wahr ist, wahrscheinlicher aber ist es, daß es sich nur um erfundene Geschichten handelt. Nachweisbar allerdings ist, daß man damals vom religionsgesetzlichen Standpunkt aus die Frage untersucht hat, ob man ein solches Tier im Gotteshause dulden darf. Man holte die Gutachten verschiedener berühmter Rabbiner ein, die Ansichten waren geteilt, die Mehrheit war für die Vertreibung und Neueinweihung des Gotteshauses. Aber es war leicht, von der Ferne zu dekretieren, in Wirklichkeit war es ja unmöglich, das Tier zu fangen, und deshalb auch unmöglich, es zu vertreiben. Denn nur, wenn man es gefangen und weit fortgeschafft hätte, hätte man die annähernde Sicherheit haben können, es los zu sein.

Vor vielen Jahren, so erzählt man, soll man

wirklich noch versucht haben, das Tier zu vertreiben. Der Tempeldiener will sich erinnern, daß sein Großvater, der auch Tempeldiener gewesen ist, mit Vorliebe davon erzählte. Dieser Großvater habe als kleiner Junge öfters von der Unmöglichkeit gehört, das Tier loszuwerden, da habe ihn, der ein ausgezeichneter Kletterer war, der Ehrgeiz nicht ruhen lassen, an einem hellen Vormittag, an dem die ganze Synagoge mit allen Winkeln und Verstecken im Sonnenlicht offen dalag, habe er sich hineingeschlichen, ausgerüstet mit einem Strick, einer Steinschleuder und einem Krummstock.

Das Dorngebüsch

Ich war in ein undurchdringliches Dorngebüsch geraten und rief laut den Parkwächter. Er kam gleich, konnte aber nicht zu mir vordringen. »Wie sind Sie denn dort mitten in das Dorngebüsch gekommen«, rief er, »können Sie nicht auf dem gleichen Weg wieder zurück?« »Unmöglich«, rief ich, »ich finde den Weg nicht wieder. Ich bin in Gedanken ruhig spazierengegangen und plötzlich fand ich mich hier, es ist, wie wenn das Gebüsch erst gewachsen wäre, nachdem ich hier war. Ich komme nicht mehr heraus, ich bin verloren.« »Sie sind wie ein Kind«, sagte der Wächter, »zuerst drängen Sie sich auf einem verbotenen Weg durch das wildeste Gebüsch und dann jammern Sie. Sie sind doch nicht in einem Urwald, sondern im öffentlichen Park und man wird Sie herausholen.« »So ein Gebüsch gehört aber nicht in einen Park«, sagte ich, »und wie will man mich retten, es kann doch niemand herein. Will man es aber versuchen, dann muß man es gleich tun, es ist ja gleich Abend, die Nacht halte ich hier nicht aus, ich bin auch schon ganz zerkratzt von den Dornen, und mein Zwicker ist mir hinuntergefallen und ich kann ihn nicht finden, ich bin ja halbblind ohne Zwicker.« »Das ist alles gut und schön«, sagte der Wächter, »aber ein Weilchen werden Sie sich noch gedulden müssen, ich muß doch zuerst Arbeiter holen, die den Weg aushacken, und vorher noch die Bewilligung des Herrn Parkdirektors einholen. Also ein wenig Geduld und Männlichkeit, wenn ich bitten darf.«

Eine teilweise Erzählung

Vor dem Eingang des Hauses stehn zwei Männer, sie scheinen ganz willkürlich angezogen, das meiste, was sie anhaben, sind Lumpen, schmutzig, zerrissen, in Fransen, aber einzelnes ist wieder sehr gut erhalten, der eine hat einen neuen hohen Kragen mit seidener Krawatte, der andere eine feine Nankinghose, breit geschnitten, nach unten schmäler, über den Stiefeln zart umgekrempelt. Sie unterhalten sich und verstellen die Tür. Es kommt ein Mann, scheinbar ein Landgeistlicher in mittlern Jahren, groß, fest, starkhalsig, gerade hin und her schwankend auf seinen steifen Beinen. Er will eintreten, es ist eine dringende Angelegenheit, wegen der er kommt. Aber die zwei bewachen den Eingang, der eine zieht aus seiner Hose eine Uhr an langer Goldkette – es scheinen einige aneinander befestigte Ketten zu sein – es ist noch nicht neun Uhr, vor zehn darf aber niemand eingelassen werden. Dem Geistlichen ist das sehr ungelegen, aber die zwei Männer unterhalten sich schon wieder weiter. Der Geistliche sieht sie ein Weilchen an, scheint die Nutzlosigkeit weitern Bittens zu erkennen, geht auch schon ein paar Schritte weiter, da bekommt er einen Einfall und kehrt wieder zurück. Ob die Herren denn eigentlich wüßten, zu wem er gehen wolle? Zu seiner Schwester Rebekka Zoufal, einer alten Dame, die mit ihrer Bedienerin im zweiten Stock wohnt. Das hatten die Wächter allerdings nicht gewußt, jetzt haben sie nichts mehr dagegen, daß der Geistliche eintritt, sie machen sogar eine Art förmlicher Verbeugung, als er zwischen ihnen durchgeht. Als der Geistliche im Flur ist, muß er unwillkürlich lächeln, daß es so leicht war, die zwei zu überlisten. Flüchtig blickt er noch einmal zurück, zu seinem Staunen sieht er, daß die Wächter eben Arm in Arm fortgehn. Sollten sie nur seinetwegen dagestanden haben? Es wäre, soweit der Überblick des Geistlichen reicht, nicht ausgeschlossen. Er dreht sich völlig um, die Straße ist ein wenig belebter geworden, oft blickt einer der Passanten in den Flur herein, geradezu aufreizend scheint es dem Geistlichen, wie weit die Haustür mit ihren beiden Flügen offensteht, es liegt eine Gespanntheit in diesem Offenstehn, als nehme die Tür damit einen Anlauf zu einem wütenden endgültigen Zuklappen. Da hört er seinen Namen rufen. »Arnold«, ruft es durch das Treppenhaus, eine dünne, sich überanstrengende Stimme, und gleich darauf klopft ihm ein Finger leicht auf den Rücken. Eine alte gebückte Frau steht da, ganz eingehüllt in ein dunkelgrünes großmaschiges Gewebe und blickt ihn förmlich nicht mit den Augen, sondern mit einem langen schmalen Zahn an, der öde vereinzelt in ihrem Munde steht.

Erzählung des Großvaters

Ich war zu den Zeiten des seligen Fürsten Leo V. Wächter des Mausoleums im Friedrichspark. Natürlich bin ich nicht gleich Mausoleumswächter geworden. Noch ganz genau erinnere ich mich, wie ich als Laufbursche der fürstlichen Meierei zum erstenmal die Milch am Abend zur Mausoleumswache tragen sollte. ›Oh‹, dachte ich, ›zur Mausoleumswache‹. Weiß denn jemand genau, was Mausoleum ist? Ich war Mausoleumswächter und sollte es also wissen, aber eigentlich weiß ich es nicht. Und ihr, die ihr meine Geschichte hört, werdet am Schluß erkennen, daß ihr, selbst wenn ihr zu wissen glaubtet, was Mausoleum ist, gestehen müßtet, ihr, ihr wüßtet es nicht mehr. Damals aber kümmerte ich mich darum noch wenig, sondern war nur ganz allgemein stolz darauf, zur Mausoleumswache geschickt worden zu sein. Und so galoppierte ich gleich mit meinem Milcheimer durch die Nebel der Wiesenwege, die zum Friedrichspark führten. Vor dem goldenen Gittertor staubte ich meine

Jacke ab, reinigte die Stiefel, wischte die Feuchtigkeit vom Eimer, läutete dann und lauerte, die Stirn an den Gitterstäben, darauf, was jetzt geschehen werde. Zwischen Gesträuch auf einer kleinen Anhöhe schien das Wächterhaus zu sein, ein Licht kam aus einem sich öffnenden Türchen und ein ganz altes Frauenzimmer öffnete das Tor, nachdem ich mich gemeldet und zum Beweis der Wahrheit den Eimer gezeigt hatte. Ich mußte dann vorausgehn, aber genau so langsam wie die Frau, es war sehr unbehaglich, denn sie hielt mich hinten fest und blieb auf dem kurzen Weg zweimal stehn, um Atem zu holen. Oben auf einer Steinbank neben der Tür saß ein riesiger Mann, die Beine übereinandergeschlagen, die Hände vor der Brust gekreuzt, den Kopf zurückgelehnt und hielt den Blick auf das knapp vor ihm stehende Buschwerk, das ihm jede Aussicht benahm, gerichtet. Ich sah unwillkürlich fragend die Frau an. »Das ist der Mameluck«, sagte sie, »weißt du es nicht?« Ich schüttelte den Kopf, staunte den Mann noch einmal an, besonders seine hohe Mütze aus Krimmerpelz, dann aber wurde ich von der Alten ins Haus gezogen. In einer kleinen Stube saß bei einem sehr ordentlich mit Büchern bedeckten Tisch ein alter bärtiger Herr im Schlafrock und sah unter der Glocke der Stehlampe hinweg nach mir hin. Ich glaubte natürlich, nicht richtig gegangen zu sein, und drehte mich um, wollte wieder aus der Stube hinaus, aber die Alte versperrte mir den Weg und sagte zum Herrn: »Der neue Milchjunge.« »Komm her, du kleine Krabbe«, sagte der Herr und lachte. Ich saß dann auf einem kleinen Bänkchen bei seinem Tisch und er brachte sein Gesicht ganz nahe an meines. Leider war ich infolge der freundlichen Behandlung etwas vorlaut geworden.

Skizze einer Selbstbiographie

Jeder Mensch ist eigentümlich und kraft seiner Eigentümlichkeit berufen zu wirken, er muß aber an seiner Eigentümlichkeit Geschmack finden. Soweit ich es erfahren habe, arbeitete man sowohl in der Schule als auch zu Hause darauf hin, die Eigentümlichkeit zu verwischen. Man erleichterte dadurch die Arbeit der Erziehung, erleichterte aber auch dem Kinde das Leben, allerdings mußte es vorher den Schmerz durchkosten, den der Zwang hervorrief. Man wird zum Beispiel einem Jungen, der abends mitten im Lesen einer aufregenden Geschichte ist, niemals durch eine bloß auf ihn eingeschränkte Beweisführung begreiflich machen können, daß er das Lesen unterbrechen und schlafen gehn muß. Wenn man mir in einem solchen Fall etwa sagte, es sei schon spät, ich verderbe mir die Augen, ich werde früh verschlafen sein und schwer aufstehn, die schlechte dumme Geschichte sei das nicht wert, so konnte ich das zwar ausdrücklich nicht widerlegen, aber eigentlich nur deshalb nicht, weil das alles nicht einmal an die Grenze des Nachdenkenswerten herankam. Denn alles war unendlich oder verlief so ins Unbestimmte, daß es dem Unendlichen gleichzusetzen war, die Zeit war unendlich, es konnte also nicht zu spät sein, mein Augenlicht war unendlich, ich konnte es also nicht verderben, sogar die Nacht war unendlich, es war also keine Sorge wegen des Frühaufstehns nötig, und Bücher unterschied ich nicht nach Dummheit und Klugheit, sondern danach, ob sie mich packten oder nicht, und dieses packte mich. Das alles konnte ich nicht so ausdrükken, aber es hatte doch das Ergebnis, daß ich mit meinen Bitten, mir das Weiterlesen zu erlauben, lästig wurde oder mich entschloß, auch ohne Erlaubnis weiterzulesen. Das war meine Eigentümlichkeit. Man unterdrückte sie dadurch, daß man das Gas abdrehte und mich ohne Licht ließ; zur Erklärung sagte man: Alle gehen schlafen, also mußt auch du schlafen gehn. Das sah ich und mußte es glauben, obwohl es unbegreiflich war. Niemand will so viel Reformen durchführen wie Kinder. Aber abgesehen von dieser in gewisser Hinsicht anerkennenswerten Unterdrückung blieb doch hier, wie fast überall, ein Stachel, den keine Berufung auf die Allgemeinheit auch nur abstumpfen konnte. Ich blieb nämlich in dem Glauben, daß gerade an diesem Abend niemand in der Welt so gern gelesen hätte wie ich. Das konnte mir vorläufig keine Berufung auf die Allgemeinheit widerlegen, um so weniger als ich sah, daß man mir die unbezwingbare Lust zum Lesen nicht glaubte. Erst allmählich und viel später, vielleicht schon bei Abschwächung der Lust, ging mir eine Art Glaube daran auf, daß viele die gleiche Lust zum Lesen hatten und sich doch bezwangen. Damals aber fühlte ich nur das Unrecht, das mir angetan wurde, ich ging traurig schlafen und es entwikkelten sich die Anfänge des Hasses, der mein Leben in der Familie und von da aus mein ganzes Leben in einer gewissen Hinsicht bestimmt. Das Verbot des Lesens ist zwar nur ein Beispiel, aber ein bezeichnendes, denn dieses Verbot wirkte tief. Man erkannte meine Eigentümlichkeit nicht an; da ich sie aber fühlte, mußte ich – darin sehr empfindlich und immer auf der Lauer – in diesem Verhalten mir gegenüber ein Aburteilen erkennen. Wenn man aber schon diese offen zur Schau gestellte

Eigentümlichkeit verurteilte, um wieviel schlimmer mußten die Eigentümlichkeiten sein, die ich aus dem Grunde verborgen hielt, weil ich selbst ein kleines Unrecht in ihnen erkannte. Ich hatte zum Beispiel abends gelesen, obwohl ich die Schulaufgabe für den nächsten Tag noch nicht gelernt hatte. Das war vielleicht an sich als Pflichtversäumnis etwas sehr Arges, aber um absolute Beurteilung handelte es sich mir nicht, mir kam es nur auf vergleichsweise Beurteilung an. Vor dieser Beurteilung aber war diese Nachlässigkeit wohl nicht schlimmer als das lange Lesen an sich, besonders da sie in ihren Folgen durch meine große Angst vor der Schule und Autoritäten sehr eingeschränkt war. Was ich durch Lesen hie und da versäumte, holte ich bei meinem damals sehr guten Gedächtnis am Morgen oder in der Schule leicht nach. Die Hauptsache aber war, daß ich die Verurteilung, die meine Eigentümlichkeit des langen Lesens erfahren hatte, nun mit eigenen Mitteln auf die verborgen gehaltene Eigentümlichkeit der Pflichtversäumnis weiterführte und dadurch zu dem niederdrückendsten Ergebnis kam. Es war so, wie wenn jemand mit einer Rute, die keinen

Schmerz verursachen soll, nur zur Warnung berührt wird, er aber nimmt das Flechtwerk auseinander, zieht die einzelnen Rutenspitzen in sich und beginnt nach eigenem Plan sein Inneres zu stechen und zu kratzen, während die fremde Hand noch immer ruhig den Rutengriff hält. Wenn ich mich aber auch damals in solchen Fällen noch nicht schwer strafte, so ist doch jedenfalls sicher, daß ich von meinen Eigentümlichkeiten nie jenen wahren Gewinn zog, der sich schließlich in dauerndem Selbstvertrauen äußert. Vielmehr war die Folge des Vorzeigens einer Eigentümlichkeit die, daß ich entweder den Unterdrücker haßte oder die Eigentümlichkeit als nicht vorhanden erkannte, zwei Folgen, die in lügenhafter Weise sich auch verbinden konnten. Hielt ich aber eine Eigentümlichkeit verborgen, dann war die Folge die, daß ich mich oder mein Schicksal haßte, mich für schlecht oder verdammt ansah. Das Verhältnis dieser zwei Gruppen von Eigentümlichkeiten hat sich im Laufe der Jahre äußerlich sehr geändert. Die vorgezeigten Eigentümlichkeiten nahmen immer mehr zu, je näher ich an das mir zugängliche Leben herankam. Eine Erlösung brachte mir das aber nicht, die Menge des Geheimgehaltenen nahm dadurch nicht ab, es fand sich bei verfeinerter Beobachtung, daß niemals alles gestanden werden konnte. Selbst von den scheinbar vollständigen Eingeständnissen der frühern Zeit zeigte sich später noch die Wurzel im Innern. Aber selbst wenn das nicht gewesen wäre – bei der Lockerung der ganzen seelischen Organisation, die ich ohne entscheidende Unterbrechungen durchgemacht habe, genügte *eine* verborgene Eigentümlichkeit, um mich so zu erschüttern, daß ich mich mit aller sonstigen Anpassung doch nirgends festhalten konnte. Aber noch ärger. Selbst wenn ich kein Geheimnis bei mir behalten, sondern alles so weit von mir geworfen hätte, daß ich ganz rein dastand, im nächsten Augenblick wäre ich dann wieder von dem alten Durcheinander überfüllt gewesen, denn meiner Meinung nach wäre das Geheimnis nicht vollständig erkannt und eingeschätzt und infolgedessen durch die Allgemeinheit mir wieder zurückgegeben und neuerdings aufgelegt worden. Das war keine Täuschung, sondern nur eine besondere Form der Erkenntnis, daß, zumindest unter Lebenden, sich niemand seiner selbst entledigen kann. Wenn zum Beispiel jemand einem Freund das Geständnis macht, daß er geizig ist, so hat er sich für diesen Augenblick dem Freund, also einem maßgebenden Beurteiler gegenüber scheinbar vom Geiz erlöst. Es ist für diesen Augenblick auch gleichgültig, wie es der Freund aufnimmt, also ob er gar den Geiz verteidigt. Es wäre vielleicht nicht einmal entscheidend, wenn der Freund infolge des Geständnisses die Freundschaft aufsagt. Entscheidend ist vielmehr, daß man vielleicht nicht als reuiger, aber als ehrlicher Sünder sein Geheimnis der Allgemeinheit anvertraut hat und hofft, dadurch wieder die gute und – das ist das Wichtigste – freie Kindheit wieder erobert zu haben. Man hat aber nur eine kurze Narrheit und viel spätere Bitterkeit erobert. Denn irgendwo liegt auf dem Tisch zwischen dem Geizigen und dem Freund das Geld, das der Geizige an sich bringen muß und zu dem er immer rascher die Hand hinbewegt. Auf der Hälfte des Weges ist das Geständnis zwar immer schwächer wirkend, aber noch erlösend, darüber hinaus nicht mehr, im Gegenteil, es beleuchtet dann nur die sich vorwärtsbewegende Hand. Wirkende Geständnisse sind nur vor oder nach der Tat möglich. Die Tat läßt nichts neben sich bestehn, für die Hand, die das Geld zusammenscharrt, gibt es keine Erlösung durch Wort oder Reue. Entweder muß die Tat, also die Hand vernichtet werden oder man muß sich im Geiz . . .

Es ist ein Mandat

Ich kann meiner Natur nach nur ein Mandat übernehmen, das niemand mir gegeben hat. In diesem Widerspruch, immer nur in einem Widerspruch kann ich leben. Aber wohl jeder, denn lebend stirbt man, sterbend lebt man. So wie zum Beispiel der Zirkus von einer Leinwand umspannt ist, also niemand, der nicht innerhalb dieser Leinwand ist, etwas sehen kann. Nun findet aber jemand ein kleines Loch in der Leinwand und kann doch von außen zusehn. Allerdings muß er dort geduldet werden. Wir alle werden einen Augenblick lang so geduldet. Allerdings – zweites allerdings – meist sieht man durch ein solches Loch nur den Rücken der Stehplatzbesucher. Allerdings – drittes allerdings – die Musik hört man jedenfalls, auch das Brüllen der Tiere. Bis man endlich ohnmächtig vor Schrecken in die Arme des Polizisten zurückfällt, der von Berufs wegen den Zirkus umgeht und nur leise mit der Hand dir auf die Schulter geklopft hat, um dich auf das Ungehörige eines solchen gespannten Zusehns, für das du nichts gezahlt hast, aufmerksam zu machen.

Konsolidierung

Wir waren fünf Angestellte im Geschäft, der Buchhalter, ein kurzsichtiger schwermütiger Mann, der über dem Hauptbuch ausgebreitet lag wie ein Frosch, still, nur von einem mühseligen Atem schwach gehoben und gesenkt, dann der Kommis, ein kleiner Mann mit breiter Turnerbrust, nur eine Hand brauchte er auf dem Pult aufzustützen und schwang sich hinüber leicht und schön, nur sein Gesicht war dabei ernst und blickte streng ringsum. Dann hatten wir ein Ladenmädchen, ein älteres Fräulein, schmal und zart, mit anliegendem Kleid, meist hielt sie den Kopf zur Seite geneigt und lächelte mit den dünnen Lippen ihres großen Mundes. Ich, der Lehrjunge, der nicht viel mehr zu tun hatte, als mit dem Staubtuch am Pult sich herumzudrücken, hatte oft Lust, die Hand unseres Fräuleins, eine lange schwache, eingetrocknete holzfarbige Hand, wenn sie nachlässig und selbstvergessen auf dem Pult lag, zu streicheln oder gar zu küssen oder – dies wäre das Höchste gewesen

– das Gesicht dort, wo es so gut war, ruhn zu lassen und nur hie und da die Lage zu ändern, damit Gerechtigkeit sei und jede Wange diese Hand auskoste. Aber das geschah niemals, vielmehr streckte das Fräulein, wenn ich näher kam, eben diese Hand aus und wies mir eine neue Arbeit an, irgendwo in einem fernen Winkel oder oben auf der Leiter. Dieses letztere war besonders unangenehm, denn oben war es von den offenen Gasflammen, mit denen wir leuchteten, bedrückend heiß, auch war ich nicht schwindelfrei, mir war dort oft übel, ich steckte dort manchmal unter dem Vorwand besonders gründlicher Reinigung meinen Kopf in ein Regalfach und weinte ein kleines Weilchen oder ich hielt, wenn niemand hinaufsah, eine kurze stumme Ansprache an das Fräulein unten und machte ihr große Vorwürfe, ich wußte zwar, daß sie bei weitem nicht, weder hier noch anderswo, die entscheidende Macht hatte, aber ich glaubte irgendwie, sie könnte diese Macht haben, wenn sie wollte, und sie dann zu meinen Gunsten benützen. Aber sie wollte nicht, sie übte ja nicht einmal die Macht aus, die sie hatte. Sie war zum Beispiel die einzige des Personals, welcher der Geschäftsdiener ein wenig folgte, sonst war er der eigenwilligste Mensch, gewiß, er war der älteste im Geschäft, noch unter dem alten Chef hatte er gedient, so vieles hatte er hier mitgemacht, wovon wir andern keine Ahnung hatten, aber er zog aus alledem den falschen Schluß, daß er alles besser verstehe als die andern, daß er zum Beispiel nicht nur ebensogut, sondern viel besser als der Buchhalter die Bücher führen könne, besser als der Kommis die Kundschaft bedienen könne und so fort, und daß er nur aus freiwilligem Entschluß die Geschäftsdienerstelle übernommen habe, weil sich für sie niemand sonst, nicht einmal ein Unfähiger, gefunden habe. Und so quälte er sich, der gar nicht sehr stark gewesen sein dürfte und jetzt schon nur ein Wrack war, seit vierzig Jahren mit dem Handkarren, den Kisten und Paketen. Er hatte es freiwillig übernommen, aber das hatte man vergessen, neue Zeiten waren gekommen, man erkannte ihn nicht mehr an, und während rings um ihn im Geschäft die ungeheuerlichsten Fehler gemacht wurden, mußte er, ohne daß man ihn eingreifen ließ, die Verzweiflung darüber hinunterwürgen und überdies an seine schwere Arbeit gefesselt bleiben.

Fragment des ›Unterstaatsanwalts‹

... überdrüssig geworden ist, Jagden auf Mißgeburten zu veranstalten, dann wäre allerdings der Bezirksrichter das erste Ziel. Aber sich über ihn zu ärgern, ist sinnlos. Darum ärgert sich auch der Unterstaatsanwalt nicht über ihn, er ärgert sich nur über die Dummheit, die einen solchen Menschen auf einen Bezirksrichterposten setzt. Die Dummheit also will Gerechtigkeit üben. Es ist für die persönlichen Verhältnisse des Unterstaatsanwalts an und für sich sehr bedauerlich, daß er nur einen so niedrigen Rang einnimmt, seinem eigentlichen Bestreben aber würde es vielleicht nicht einmal genügen, Oberstaatsanwalt zu sein. Er müßte ein noch viel höherer Staatsanwalt werden, um auch nur alle Dummheit, die er vor seinen Augen sieht, unter wirksame Anklage setzen zu können. Zur Anklage gegen den Bezirksrichter würde er sich dabei wahrhaftig nicht herablassen, er würde ihn von der Höhe seines Anklägersitzes nicht einmal erkennen. Wohl aber würde er ringsherum eine so schöne Ordnung schaffen, daß der Bezirksrichter nicht in ihr bestehen könnte, daß ihm, ohne daß er angerührt würde, die Knie zu schlottern anfingen und er schließlich vergehen müßte. Dann wäre es vielleicht auch an der Zeit, den Fall des Unterstaatsanwaltes selbst aus den versperrten Disziplinargerichten in den offenen Gerichtssaal zu bringen. Dann wäre der Unterstaatsanwalt nicht mehr persönlich beteiligt, er hätte kraft höherer Gewalt die ihm angelegten Ketten zerbrochen und könnte nun selbst über sie zu Gericht sitzen. Er stellt sich vor, daß ihm eine mächtige Persönlichkeit vor der Verhandlung ins Ohr flüstert: »Jetzt wird dir Genugtuung zuteil werden.« Und nun kommt es zur Verhandlung. Die angeklagten Disziplinarräte lügen natürlich, lügen mit zusammengebissenen Zähnen, lügen so, wie nur Leute vom Gericht lügen können, wenn die Anklage einmal sie trifft. Aber es ist alles so vorbereitet, daß die Tatsachen selbst alle Lügen von sich abschütteln und sich frei und wahrheitsgemäß vor den Zuhörern entwickeln. Es sind viele Zuhörer da, auf drei Seiten des Saales, nur die Richterbank ist leer, man hat keine Richter gefunden, die Richter drängen sich im engen Raum, wo sonst der Angeklagte steht, und suchen sich vor der leeren Richterbank zu verantworten. Nur der öffentliche Ankläger, der gewesene Unterstaatsanwalt, ist natürlich zugegen und auf seinem gewöhnlichen Platz. Er ist viel ruhiger als sonst, er nickt nur hie und da, alles nimmt den richtigen uhrenmäßigen Gang. Erst jetzt, nachdem der Fall von allen Schriftsätzen, Zeugenaussagen, Verhandlungsprotokollen, Urteilsberatungen und Entscheidungsgründen befreit ist, erkennt man seine sofort überwältigende Einfachheit. Die Angelegenheit selbst liegt etwa fünfzehn Jahre zurück. Der Unterstaatsanwalt war damals in der Residenzstadt, er war als tüchtiger Jurist anerkannt, bei seinen Vorgesetzten sehr beliebt und hatte sogar schon Hoffnung, bald, vor vielen Mitbewerbern, zehnter Staatsanwalt zu werden. Der zweite Staatsanwalt bewies ihm eine besondere Zuneigung und ließ sich von ihm, selbst bei nicht ganz unwichtigen Angelegenheiten, vertreten. So war es auch bei einem kleinen Majestätsbeleidigungsprozeß. Ein Geschäftsangestellter, ein nicht ungebildeter, politisch sehr tätiger Mann, hatte in einer Weinstube in halber Trunkenheit, das Glas in der Hand, eine Majestätsbeleidigung ausgesprochen. Ein wahrscheinlich noch mehr betrunkener Gast am Nebentisch hatte die Anzeige erstattet, er hatte in seiner Betäubung wahrscheinlich gemeint, daß er eine ausgezeichnete Tat ausführt, war sofort um einen Polizeimann gelaufen und glückselig lächelnd mit ihm zurückgekehrt, um ihm den Mann zu übergeben. Später allerdings hielt er an seiner Aussage wenn auch nicht vollständig, so doch wenigstens im wichtigsten Teil fest, im übrigen mußte die Majestätsbeleidigung sehr deutlich gewesen sein, denn kein Zeuge konnte sie vollständig leugnen. Ihr Wortlaut aber konnte nicht zweifellos festgestellt werden, die größte Berechtigung hatte die Annahme, daß der Angeklagte mit dem Weinglas auf ein an der Wand hängendes Bild des Königs gezeigt und dabei gesagt hatte: »Du Lump dort oben!« Die Schwere dieser Beleidigung wurde nur durch den damaligen teilweise unzurechnungsfähigen Zustand des Angeklagten gemildert sowie dadurch, daß die Beleidigung in irgendeiner Verbindung mit der Liedzeile: »solange noch das Lämpchen glüht« vorgebracht und den Sinn des Ausrufes dadurch getrübt hatte. Über die Art der Verbindung zwischen dem Ausruf und dem Lied hatte fast jeder Zeuge eine andere Meinung und der Anzeiger behauptete sogar, ein anderer, nicht der Angeklagte, habe gesungen. Ungemein erschwerend war für den Angeklagten seine politische Tätigkeit, die es jedenfalls sehr glaubwürdig erscheinen ließ, daß er dessen fähig war, den Ausruf auch bei gänzlicher Nüchternheit und mit vollster Überzeugung zu machen. Der Unterstaatsanwalt erinnert sich sehr genau – er hat ja jene Dinge so oft durchgedacht –, wie er jene Anklage fast mit Begeisterung in Angriff nahm, nicht nur weil es ehrenvoll war, einen Majestätsbeleidigungsprozeß zu führen, sondern weil er den Angeklagten und seine Sache aufrichtig haßte. Ohne eine im einzelnen ausgearbeitete politische Anschauung zu haben, war er doch durchaus konservativ, er war darin fast kindlich, es gibt gewiß noch andere Unterstaatsanwälte, die so sind, er glaubte, wenn sich alle ruhig und vertrauensvoll mit dem König und der Regierung verbinden, müßte es möglich sein, alle Schwierigkeiten beseitigen zu können; ob man bei dieser Gelegenheit vor dem König stehe oder knie, schien ihm an und für sich gleichgültig; je mehr Vertrauen man hatte, desto besser war es, und je mehr Vertrauen man hatte, desto tiefer mußte man sich neigen in natürlicher Gesinnung, ohne Kriecherei. Verhindert aber wurden diese erstrebenswerten Zustände durch Leute vom Schlag des Angeklagten, die, aus irgendeiner Unterwelt heraufkommend, die feste Masse des brauchbaren Volkes mit ihrem Geschrei zersprengten. – Da stand ein politischer Streber, dem der ehrliche Beruf eines Geschäftsangestellten nicht genügte, wahrscheinlich, weil er ihm die Mittel für Weingelage zu liefern nicht imstande war, ein Mensch mit einer riesenhaften Kinnlade, die von einer kräftigen Muskulatur auch riesenhaft bewegt wurde, ein geborener Volksredner, der selbst den Untersuchungsrichter anschrie, in diesem Fall leider eine nervöse aufgeregte Natur. Die Untersuchung, welcher der Unterstaatsanwalt aus Interesse an der Sache öfters beigewohnt hatte, war eine fortwährende Zänkerei. Einmal sprang der Untersuchungsrichter auf, das andere Mal der Verhörte, und einer donnerte den andern an. Dies wirkte natürlich ungünstig auf die Ergebnisse der Untersuchung ein, und als der Unterstaatsanwalt auf diesen Ergebnissen die Anklage aufbauen sollte, mußte er viel Arbeit und Scharfsinn aufwenden, um sie genügend stichhaltig zu machen. Er arbeitete Nächte durch, aber mit Freude. Es waren damals schöne Frühjahrsnächte; das Haus, in dessen Erdgeschoß der Unterstaatsanwalt wohnte, hatte einen kleinen, zwei Schritte breiten Vorgarten; war der Unterstaatsanwalt von der Arbeit ermüdet oder verlangten die sich drängenden Gedanken Ruhe und Sammlung, dann kletterte er aus dem Fenster in den Vorgarten und ging dort auf und ab oder lehnte mit geschlossenen Augen am Gartengitter. Er hat sich damals nicht geschont, er arbeitete die ganze Anklage mehreremal um, manche Teile zehn- und zwanzigmal. Außerdem häufte sich das für die Hauptversammlung vorbereitete Material in fast undurchdringlicher Fülle. »Gebe Gott, daß ich dieses alles fassen und verwerten kann«, war in den Nächten seine ständige Bitte. Mit der Anklage selbst hielt er seine Arbeit nur zum geringsten Teile für beendet, darum sah er auch das Lob des zweiten Staatsanwalts, mit dem ihm dieser die Anklageschrift nach genauer Prüfung zurückgab, nicht als Lohn, sondern nur als Aufmunterung an und dieses Lob war groß und es kam überdies von einem strengen, wortkargen Mann. Es lautete, wie es der Unterstaatsanwalt in seinen späteren Eingaben oft wiederholte, ohne allerdings den zweiten Staatsanwalt dazu bewegen zu können, sich daran zu erinnern: »Dieses Heft, mein lieber Kollege, enthält nicht nur die Anklage, es enthält aller menschlichen Voraussicht nach auch Ihre Ernennung zum zehnten Staatsanwalt.« Und als der Unterstaatsanwalt bescheiden schwieg, fügte der zweite Staatsanwalt hinzu: »Vertrauen Sie mir.« Zur Hauptverhandlung ging der Unterstaatsanwalt fest und ruhig. Niemand im Saal kannte alle Feinheiten und Beziehungen der Prozeßsache so wie er. Der Verteidiger war ungefährlich, ein dem Unterstaatsanwalt bekanntes, immer schreiendes, aber wenig scharfsinniges Männchen. An dem Tag war er gewiß nicht einmal sehr kampflustig, er verteidigte, weil er verteidigen mußte, weil es um ein Mitglied seiner politischen Partei ging, weil sich vielleicht Gelegenheit zu Tiraden ergeben würde, weil die Parteipresse auf den Fall ein wenig aufmerksam war, aber Hoffnung, seinen Klienten durchzubringen, hatte er nicht. Der Unterstaatsanwalt erinnert sich noch, wie er diesem Verteidiger kurz vor Beginn der Verhandlung mit schwer unterdrücktem Lächeln zusah; unfähig sich zu beherrschen, wie dieser Verteidiger überhaupt war, warf er auf seinem Tisch alles durcheinander, riß Blätter aus seinen Schriften und wie mit einem Windhauch waren sie sofort mit Notizen bedeckt, unter dem Tisch klapperten seine kleinen Füßchen und jeden Augenblick strich er, ohne es zu wissen, mit ängstlicher Bewegung über seine Glatze, als suche er dort irgendwelche Verletzungen. Er schien dem Unterstaatsanwalt ein unwürdiger Gegner zu sein. Als er gleich bei Beginn der Verhandlung aufhüpfte und mit häßlicher pfeifender Stimme den Antrag gestellt hatte, die Verhandlung möge in öffentlicher Sitzung stattfinden, erhob sich der Unterstaatsanwalt fast schwerfällig von seinem Sitz. Alles war so klar und durchdacht, es war, als mischten sich alle Leute ringsherum in eine ihm allein gehörige Sache, eine Sache, die er ihrem Wesen gemäß in sich selbst zu Ende führen könnte, ohne Richter und Verteidiger und ohne Angeklagten. Und er schloß sich dem Antrag des Verteidigers an, sein Verhalten war ebenso unerwartet wie das des Verteidigers selbstverständlich gewesen war. Aber er erklärte sein Verhalten und während seiner Erklärung war es im Saal so still – wenn nicht die vielen Augen von allen Seiten auf ihn gerichtet gewesen wären, als wollten sie ihn zu sich ziehn, hätte man glauben können, er spreche im leeren Saal mit sich selbst. Daß er überzeugte, merkte er sofort. Die Richter streckten die Hälse und sahen erstaunt einander an, der Verteidiger lehnte steif in seinem Stuhl, als sei die Erscheinung des Unterstaatsanwaltes gerade jetzt aus dem Boden gestiegen; der Angeklagte rieb vor Spannung seine Riesenzähne aneinander, im Gedränge der Zuhörer hielt man sich bei den Händen fest. Sie erkannten, daß ihnen hier einer die ganze Angelegenheit, zu der sie in dieser oder jener schwachen Beziehung standen, gänzlich entwand und zu seinem unentreißbaren Eigentum machte. Jeder hatte geglaubt, einem kleinen Majestätsbeleidigungsprozeß beizuwohnen und nun hörte er, wie der Unterstaatsanwalt schon beim ersten Antrag die Beleidigung selbst wie etwas Nebensächliches mit wenigen Worten streifte.

Nachwort

Mitte August 1914, in der Zeit der beginnenden Arbeit am *Prozeß*-Roman, macht Kafka eine Eintragung in sein Tagebuch. Sie beginnt mit den Worten: »Eine Zeit meines Lebens – es ist nun schon viele Jahre her – hatte ich eine Anstellung bei einer kleinen Bahn im Innern Rußlands.« Es ist der einfache Aussagesatz eines Ich-Erzählers, an dem vielleicht die Selbstunterbrechung: ». . . – es ist nun schon viele Jahre her – . . .« auffällt. Der normale Leser liest wahrscheinlich weiter, ohne sich der Funktion dieser Unterbrechung bewußt zu werden. Die Unterbrechung erzwingt beim Schreiben einen weiteren Blick, sozusagen gespannteres Sitzen am Schreibtisch, und sie erzwingt damit auch beim Leser eine kleine Verlangsamung des Lesens, eine Verlangsamung des Wahrnehmens des Materials, mehr Aufmerksamkeit. Kafkas Sprache schüttelt schnelles Lesen von sich ab. Das Atemholen der erwähnten Unterbrechung: »Ich erzähle Vergangenes und nehme mir Zeit dabei« ist eine der Bedingungen epischen Erzählens, das ist bekannt.

Was aber bewirken solche Unterbrechungen und

woher kommen sie? Der dritte Satz des in Rede stehenden Erzählungsfragments, ›Erinnerung an die Kaldabahn‹, beginnt mit einer weiteren Unterbrechung: »Aus verschiedenen Gründen, die nicht hierhergehören, suchte ich damals einen solchen Ort . . .« Die Negation zwingt den Leser zum blitzschnellen Hinzudenken des Gegenteils des Gesagten, nämlich, daß die Gründe sehr wohl »hierhergehören« könnten. Indem der Leser die Möglichkeit, daß die Gründe doch »hierhergehören«, ergänzend hinzudenken muß, wird bei ihm der Verdacht geweckt, daß sie in der Tat von der Geschichte untrennbar sind. Damit ist der Leser gegenüber dem Ich-Erzähler in eine kritische Distanz getreten, er folgt ihm vorsichtiger, denn was auf jeden Fall »hierhergehört«, ist die Feststellung des Erzählers, daß die Gründe nicht hierhergehören. Ein Ich-Erzähler, der die Gründe für sein Selbst-Exil reflektierte, könnte nicht zugleich staunend-naiv die Umstände dieses Exils sinnlich vor uns entfalten, wäre also unglaubhaft, und somit ist die unreflektierte Verweigerung der Gründe des Exils ein Erfordernis dieses realistischen Schreibens – vielleicht sogar eines Schreibens, das durch Rekollektion des Materials diese Gründe erst zu finden hofft. Jedenfalls ist die in Rede stehende Unterbrechung der zarte Beginn solchen erkundenden, aber oft auch rationalisierenden Sprechens. Mit ihr ist der Gegenstand der Erzählung also auch die Stimme des Erzählers selbst, und nicht nur das von ihm ausgebreitete, immer vielfältiger werdende Material. Um es noch einmal zu sagen: die abwehrende Feststellung, daß die Gründe nicht »hierhergehören«, beglaubigt die Notwendigkeit des Erzählens.

Wenn wir den beobachteten dritten Satz zu Ende lesen, so zeigt sich, daß Kafka die unfreiwillige Selbstcharakterisierung des Erzählers verstärkt: »... je mehr Einsamkeit mir um die Ohren schlug, desto lieber war es mir, und ich will also auch jetzt nicht darüber klagen.« Auffällig ist das »auch«, das sich auf den Vorsatz: »So verlassen wie dort bin ich niemals gewesen« korrigierend bezieht – eine Selbst-Korrektur, die Härte prätendiert.

Mit dieser vorgetäuschten Selbst-Korrektur – der Text ist ja eine einzige Klage – ist, lange vor Abschluß der Exposition, der Erzähler als Rollensprecher erkennbar, der sich selbst und uns zu täuschen vermag. Selbstverständlich sind wir noch weit entfernt von den großen Rollensprechern Kafkas, deren schwierige Erkennbarkeit seine Texte – zum Vorteil unnötiger Berufsinterpretationen – so oft verrätselt oder, um es anders zu sagen, deren realistischen Charakter verdeckt, wie etwa, um die blendendsten Beispiele zu nennen, die Ich-Erzähler von ›Eine kleine Frau‹ oder ›Josephine, die Sängerin oder Das Volk der Mäuse‹. In beiden Fällen, wie auch im vorliegenden Stück vom »Unterstaatsanwalt«, sammeln die rationalisierenden Erzähler Evidenz gegen sich selbst. Das Schreiben demonstriert zugleich auch die Unzuverlässigkeit des Schreibens. Die Evidenz gegen die Erzähler ist im Text notwendig versteckt, weil das Bewußtsein dieser Evidenz das Material selbst unnötig, d. h. künstlerisch unglaubhaft machen würde. Ein »Unterstaatsanwalt«, der sich hinsetzt, um mitzuteilen, daß er, was wahr ist, ein dummer Streber sei, wäre keiner mehr, würde es also nicht schreiben. Die Evidenz hierfür müssen wir aus dem sie (genau wie in der Wirklichkeit) verdeckenden Kontext befreien, in dem sie oft als Unterbrechungen des »Erzählflusses« erscheinen – wenn wir zum Beispiel erfahren, daß der Unterstaatsanwalt den bedeutungslosen Verhören wegen einer »kleinen Majestätsbeleidigung« nicht aus dienstlichen Gründen, sondern aus »Interesse an der Sache« beigewohnt hat oder ein ihm angeblich gespendetes Lob in »spätern Eingaben oft wiederholte«.

Damit verlagert sich das Thema des Stücks vom vorliegenden Material (Majestätsbeleidigungsprozeß) auf das wichtigere Thema der subjektiven Beschränkung des Handelns und Denkens des das Material Vermittelnden und es stellt sich, wie in dem Stück ›Auf der Galerie‹, die Frage des Bewußtseins als Hauptfrage. »Was, von dem, was man sieht, sieht man?« ist die Frage, die dieses Stück aufgibt. Die Komik vieler Kafkascher Helden, die eine andere Form der Tragik ist, kommt aus der Verweigerung des Bewußtseins: »Auf der Galerie« legt der junge Besucher, dem die Wahrheit der Ausbeutung nicht sichtbar wird als Erscheinung, »das Gesicht auf die Brüstung und ... weint ..., ohne es zu wissen«.

Eine weitere Eintragung Kafkas in sein Tagebuch vom Februar 1911 beginnt mit den Worten: »Oskar M., ein älterer Student – wenn man ihn nahe ansah, erschrak man vor seinen Augen – blieb an einem Winternachmittag mitten im Schneefall auf einem leeren Platz stehn ...« – Beispiel eines Anfangs *in medias res.* Die an Kleists erste Sätze erinnernde appositionelle Charakterisierung des Helden wird durch den unterbrechenden Einschub verstärkt. Gegenüber der vorigen Geschichte, die sich in Vorvergangenheit immer mehr verstrickte, d. h. Vorgänge als wiederholt sich ereignend (»oft«, »gewöhnlich«, »zuweilen«, »immer«) aufzählte, haben wir

in dieser Geschichte (›Die städtische Welt‹) eine fortlaufende Einheit von Handlung. In der ›Erinnerung an dic Kaldabahn‹ gelang es nicht, oder durfte es nicht gelingen, das im Grunde expositorische Material zur Darstellung eines einmaligen Ablaufs zu bewegen. Die Aufeinanderfolge unwiederholbarer Einzelvorgänge begann dort, wo die Erzählung, mit der Krankheit des Erzählers, abbrach. Dagegen bestimmt schon der unmittelbare Einsatz der »Städtischen Welt« die Gegenwärtigkeit des folgenden Erzählens, das hauptsächlich dialogisch ist. Ähnlich der anderthalb Jahre später geschriebenen Erzählung ›Das Urteil‹, die der vorliegende Text auch thematisch vorwegnimmt, haben wir hier eine Erprobung des aus einem dialogischen Zusammenstoß möglichen Erzählbaren, eine Studie begleitender, beglaubigender Gesten wie: »›Ruhe‹, schrie der Vater und stand auf, wodurch er das Fenster verdunkelte . . .«, oder: »›Wie das?‹ fragte der Vater und sah in eine Zimmerecke . . .«
Die pantomimische Verifizierung und Erweiterung der direkten Rede (auch dies ein Lieblingsmanöver Kleists) stellt zwischen beiden, Rede und Geste, aber auch Vater und Sohn, eine schreckliche Spannung her, zumal der Erzähler hauptsächlich Gesten des Vaters sieht. Dies wird direkt ausgesprochen: »Hier verstummte der Va-

ter, bewegte aber sein Gesicht, als rede er noch.« Die Mimik setzt die Sprache fort, ersetzt sie. Die stumme Sprache der Gesten wird gegen die, im Vergleich, bettelarme, entschuldigende Rede des Sohnes gesetzt – ein Kampf, in dessen Verlauf der Sohn, wie es später wörtlich heißt, sich »zur Tür zurückziehen« muß.

Die Frage nach der Herkunft dieser genauen mimischen und gestischen Charakterisierungen, die Kafkas Prosa so sinnlich machen, ist eine Frage nach der Rolle der Imagination beim Schreiben. Auch sie unterbrechen ja, verlangsamen den sogenannten »Fluß des Erzählens«. Etwas »Nebensächliches«, was sich zusammen mit etwas anderem einstellt, wird sozusagen sofort vorgelassen, erhält Stimme und wird durch die Placierung sogar verstärkt. Bei Kafka kommen solche Charakterisierungen oft aus konkreten, eigenen Beobachtungen. Man lese beispielsweise die Tagebucheintragung vom 12. Februar 1913 über eine Lesung des ›Urteils‹ im Hause von Freunden. Kafka schreibt: »Nachdem ich die Geschichte gestern bei Weltsch vorgelesen hatte, ging der alte Weltsch hinaus und lobte, als er nach einem Weilchen zurückkam, besonders die bildliche Darstellung in der Geschichte. Mit ausgestreckter Hand sagte er: ›Ich sehe diesen Vater vor mir‹, und dabei sah er ausschließlich auf den

leeren Sessel, in dem er während der Vorlesung gesessen war.«
Das Schreiben ist also, wie man bei Kafka besonders gut zeigen kann, ein Sehen, oft sogar, wie es im Titel eines kurzen Prosastückes fast programmatisch heißt, ein »Zerstreutes Hinausschaun« – zerstreut, weil damit ein absichtsloses, auf kein erwartetes Ereignis hinzielendes, Unterbrechungen erfassendes Sehen gemeint ist, ähnlich dem »erstaunten Blick des großen Galilei«, von dem Brecht spricht. Das Schreiben ist bei Kafka nicht die Exekution von etwas vorher Bekanntem, sondern die Erprobung des Materials, das es dabei herstellt.
Das Sehen hat vor dem Schreiben schon stattgefunden. Man könnte sagen, daß das Schreiben nur eine kurze Unterbrechung eines dauernden Sehens ist. Das aus welchem Reiz auch immer anfangende Material mag vorher schnell zurechtgestellt sein – das langsame, prüfende Schreiben fordert Veränderungen, die den vorherigen Plan zerstören. Darin besteht für mich Kafkas Radikalität, daß er die Spannung von vorgefaßtem Plan und ihm widersprechenden Material länger und qualvoller aushält und darstellt als jeder andere. Über die »Niederungen des Romanschreibens«, seine Schwierigkeiten, nur einen seiner Romane zu Ende zu bringen, hat er oft

geklagt. Diese Probleme sind heute bekannt und ihre von Kafka vorgelittenen Nicht-Lösungen sind als »Anti-Roman« oder ähnliches kommerzialisiert und »machbar«.
Der Vorteil der vorliegenden Auswahl besteht darin, daß der langsame Leser in jedem einzelnen Fall die Notwendigkeit des »Scheiterns« der Stücke als eine Notwendigkeit des »Scheiterns« beim Schreiben der Wahrheit erkennen kann, also kein Scheitern. Alle diese Stücke bleiben auf irgendeine Weise stecken, entweder, indem der vorherige Plan, die Idee, die Erfindung das Material verdorren läßt (›In unserer Synagoge‹) oder indem die ausgedachte Bewegung, die durch das Stück gehen sollte, im widersprechenden Einzelnen erstickt. Eine Ausnahme bildet das Titelstück, in dem von den versprochenen Flugzeugen freilich kaum die Rede ist.
Das »absichtslose«, kritische Schreiben Kafkas verfängt sich, wie der Spaziergänger, im »Dorngebüsch« des Materials, das um ihn wächst. Es bleibt, da es sich von einer Idee nicht heraushauen läßt, darin stecken – Beispiel lügenlosen, riskanten, höchst disziplinierten Schreibens, bei dem die Ereignisse im Moment des über die Seite gehenden Bleistifts unentschieden sind.

Reinhard Lettau